AVERTISSEMENT.

Je conjure le lecteur de commencer la lecture de cet opuscule par la Note importante de la page 117. Ce document est du nombre de ceux qui me sont parvenus trop tard pour les incorporer dans mon travail.

La plume toute française d'un député l'adresse à la commission de la chambre des pairs.

Il appartient donc à *la Ligue* des influences anglaises de nous ramener à l'âge d'or du *Catholicon* * «...*Poussé* par les abolitionnistes, le Gouvernement a *promis* de présenter un projet de loi. Une visite récente du Trésorier de notre société (*Anglaise*) à la capitale de la France, a produit ces heureux résultats ; etc. » Lisez ! j'ai transcrit.

Et voilà le moment choisi pour lacérer la *charte coloniale* ; ** pour repousser les colonies sous le régime de l'ordonnance, ou du bon plaisir...... Nous voulons dire, tout simplement, sous le régime qui prête le plus *aux surprises ;* sous le régime où la même main, qui s'ouvre aux épanchements du Trésorier anglais, pourrait, un jour, tracer et glisser dans un portefeuille ministériel les paroles ambigues et perfides auxquelles se rattacherait, avec le sort des colonies, la fortune maritime de la France !

Le régime, en un mot, où des bureaux remplacent les chambres !

Et c'est vous, M. de Mackau, vous dont j'invoquerais contre vous-même les connaissances et les témoignages ; c'est vous qui présentez aux pouvoirs tant de désastres à produire, à consacrer dans un projet !

Vous, monsieur, surpris ou étrangement déçu ! car l'honneur d'un amiral, d'un ministre français plane au-dessus de tout soupçon ; et le plus empressé de le défendre, si l'on s'avisait de l'attaquer, ce serait moi.

Mais dans quelle atmosphère respire-t-on de telles erreurs ? A quelle température, dans quel milieu voit-on se détremper les convictions les plus fermes et les plus savantes ?..... N'importe où, c'est là ce qui m'effraie ! C'est pourquoi donc, à l'aspect du régime des ordonnances, j'en appelle *ce* 29 *juillet*, du libéralisme qui fut, au libéralisme qui est ! à l'intelligence, au patriotisme de tous ; au vôtre, amiral français ! Tous les partis fourmillent d'hommes de cœur ; le vent n'enlevera pas mes paroles !

M'adressant à vous, monsieur, m'adressant à mes compatriotes, en présence du Trésorier et des agents multiformes de l'Angleterre, je n'aurai plus que ce cri :

A moi ! France ! ce sont les Anglais !

* Satyre Ménip.

** Ce sont les termes du Gouvernement. Loi du 24 avril 1833.

PRÉFACE.

Trois intérêts réellement indivisibles demandent à se concilier et à régner en paix dans la grande et intéressante question de l'Émancipation des Esclaves aux Colonies :

Les intérêts de la France,

Les intérêts du Nègre,

Les intérêts du Planteur et du Métropolitain; en d'autres termes ceux de la race blanche.

Ou bien, et les systèmes l'ont complètement oublié, la question se résume dans ce seul mot :

Politique.

Il nous fait peur! Aurions-nous le malheur d'ignorer que la politique de la France emporte ces trois idées : Humanité, justice, raison.

Nous figurons-nous la politique nécessairement animée des inspirations de Machiavel! Ce serait prendre celle de nos voisins pour la nôtre!

Trois intérêts qui ne sont qu'un, doivent donc rester inséparables et inviolables dans cette question de haute politique; le sacrifice de l'un à l'autre, voilà ce qui rend les systèmes exclusifs, et par conséquent vicieux. .

. . . .

Si le lecteur est Français, il s'occupe reéllement de ses propres affaires en méditant cette brochure où les faits les moins familiers à notre public se réunissent pour STIMULER ET SOUTENIR L'INTÉRÊT.

S'il est étranger, je le déclare, rien n'est disposé pour lui plaire. La question est toute nationale.

L'ÉMANCIPATION

AUX

ANTILLES FRANÇAISES,

ÉTAT ACTUEL DES COLONIES. — TRAVAIL LIBRE. — MULATRES.
— L'ANGLAIS, SON PROLÉTARIAT, L'IRLANDE.
— L'ESCLAVAGE EN ANGLETERRE,

SLAVERY, IN ENGLAND.

Par Gougenot des MOUSSEAUX.

PARIS,

DAUVIN ET FONTAINE, LIBRAIRES,

35, PASSAGE DES PANORAMAS.

1844.

CHAPITRE Ier.

UTILITÉ DES COLONIES.

Sic est vulgus, ex veritate pauca, ex opinione multa æstimat.

Pro. Q. Roscio, ch. 10.

Des colonies sont-elles utiles à notre patrie? sont-elles indispensables ou non aux prospérités de la France? Naïve et bien singulière question pour tout individu initié aux leçons rudimentaires de l'histoire européenne ; pour toute personne qui aura promené ses yeux sur la carte de France, puis sur la carte de l'Europe et sur la mappemonde enfin. Question que le bon sens résout par ces termes mêmes auxquels elle se réduit : les éléments de la grandeur d'un pays sont-ils indispensables à sa grandeur ?

Et puis, tandis que les raisonnements se succèdent et se croisent, « une force mystérieuse, un irrésistible besoin d'expansion pousse évidemment les populations de la vieille Europe vers les terres lointaines et inexploitées, et sans s'inquiéter des théories contraires aux colonies, toutes les nations rivalisent d'efforts pour en acquérir. » (1)

Justes et légitimes efforts, pourvu que la prudence les dirige.

(1) De la société coloniale, rap. de M. le duc de Broglie : Revue des Deux Mondes, 15 juillet 1843.

En un mot, dans l'état actuel des différentes régions de l'Europe, si l'on compare les moyens d'influence, de grandeur et d'extention de la France aux ressources des pays étrangers ou rivaux, un de ces moyens, tellement sûrs et généraux que l'évidence en frappe la vue du vulgaire non moins que l'œil exercé des hommes d'état, ce sont les colonies.

Cette proposition reste fondamentale et se présente sous forme d'axiôme dans notre histoire jusqu'aux jours où l'on commence à se croire grand philosophe pourvu qu'on professe le doute, grand politique pourvu qu'on tranche.

Dans l'esprit de Colbert, les colonies forment un élément indispensable au développement des forces commerciales, maritimes et militaires de la nation. La prospérité des colonies sera raison d'état pour ses successeurs jusqu'aux temps où toutes les certitudes acquises redeviennent problêmes. (1)

Ce ministre occupé, non pas précisément de cette stratégie savante et profonde dont les combinaisons se développent autour d'un portefeuille assiégé; non pas même d'une de ces grandes et colossales affaires dont les dernières agitations aboutissent aux flancs d'une urne électorale; ce ministre assez libre de son temps pour s'adonner aux travaux de son ministère et obéir à l'impulsion de son génie, avait voulu : « qu'en servant à la consommation des produits du sol, des manufactures et de toutes les industries de la France, les colonies fussent en même temps des positions offensives et défensives; des lieux de ravitaillement, d'abri et de jonction pour les flottes qui existaient à peine, et qui, peu d'années après, portèrent si haut et si loin la gloire du nom Français. » (2)

C'est peut-être ici le cas de rappeler, sans rien préjuger à la question, et seulement pour l'éclairer, qu'un des effets les plus directs de l'affranchissement sans la constitution parfaite du travail libre, serait une diminution notable dans la culture du sucre, une augmentation également notable dans la production des denrées alimentaires. En d'autres termes, que cette mesure causerait un affaiblissement

(1) Voy. M. de Pradt, ancien Député de la gauche; des Colonies, p. 92, 90, etc, vol. 1er. Paris 1817.

(2) Rapports de MM. Huc et de Chazelle, sur la question de l'Emancipation, p. 1re. Ce rapport sera désigné par l'abréviation Huc et C., etc. 1841.

sensible à notre marine par l'énorme diminution des transports que nos vaisseaux opèrent. Ces vaisseaux n'iront point en effet, comme on le suppose, (1) chercher aux Indes orientales et au grand avantage de notre marine, le sucre qui manquerait aux Antilles, parce que les Anglais, *maîtres chez eux*, sauront toujours y mettre bon ordre au développement de nos forces navales ; parce que si le sucre périssait dans nos colonies ce serait pour renaître sur le sol métropolitain ; parce qu'en conséquence, les grandes Indes auxquelles nous n'aurions rien à demander, n'offriraient pas, en retour, un écoulement naturel aux produits de la métropole. Il en résulterait tout simplement que les Antilles, approvisionnées par leur industrie et leur sol, cesseraient de demander à la mère-patrie cette énorme quantité de produits industriels et de substances alimentaires que leur prodigueraient leur propre travail, leurs pâturages, leurs sillons et leurs mers. De là, la rapide décroissance de notre marine diminuée du nombre des navires destinés au transport de ces denrées.

Ce fut donc un des justes principes du créateur de notre marine, « que plus les colonies diffèrent de la métropole par leurs produits, leur constitution physique et politique, leurs goûts et leurs mœurs, plus elles sont parfaites, parce-que ce n'est que par cette différence qu'elles acquèrent l'aptitude à leur destination. » (2)

Assaillies par des ennemis aussi redoutables par le nombre que par les armes, les colonies, après de longs jours de prospérité, qui furent, on ne saurait trop le remarquer, les jours de prospérité de l'état, les colonies soutinrent contre les préventions les plus antinationales une lutte près de se terminer par leur anéantissement, lorsqu'un revirement inattendu vint à s'opérer dans les esprits. L'expérience avait parlé d'une voix bien dure. (3)

Le haut négoce d'abord, le public après, se prirent à reconnaître « qu'à lui seul, le commerce des colonies fran-

(1) Voir le rapport de M. le duc de Broglie, au nom d'une commission instituée pour l'examen des questions relatives à l'Esclavage et à la Constitution Politique des Colonies. — 1840, in-4° de 438 pages. Paris 1843. Pages 345, 346, 349.

(2) Huc et C. p. 2.

(3) Consultez sur l'Utilité des Colonies, M. J. Le Chevalier, dont les curieux travaux sont mentionnés par M. Cochut. — Renseignements sur les Questions Coloniales, p. 26, 27, etc.

çaises formait plus du quart de tout le commerce maritime de laFrance. » (1)

« Les colonies supportent la totalité de leurs dépenses ,» excepté celle de souveraineté et de protection. Elles paient le gouvernement colonial, le culte, la justice, les ponts, les routes et la police qui sont en France à la charge du trésor. Les colonies font en outre à la métropole des avances auxquelles aucun département n'est assujéti. La recette des douanes pour le sucre et le café, outrepasse la contribution foncière de beaucoup de départements réunis. Qu'on joigne à cet avantage pour la France celui qu'elle retire de la consommation exclusive de ses produits manufacturés, il en résulte un mouvement commercial qui va au-delà de cent millions. » (2) Et cependant nos colonies se meurent. Si le souffle de la sagesse parvenait à leur rendre la vie, que de prospérités pour la France!

« C'est qu'il y a action et réaction entre les colonies et les métropoles de manière à ce que le bonheur de l'un soit le bonheur de l'autre. Les colonies commandent du travail aux métropoles autant que celles-ci leur en commandent à elles-mêmes. Une partie de la population de l'Europe provient du travail que les colonies lui ont commandé. Les colonies ne sont que des fermes de l'Europe. » (3)

Quoi qu'il en soit, les rêves dorés du commerce métropolitain devaient s'évanouir aux premières lueurs du jour de l'expérience, et cette animosité intraitable, qui, sous la restauration, le tenait en haleine contre les colonies, s'est dissipée à la suite de ces songes. Prospérité, sécurité, richesses, tout, sur cet immense littoral des Amériques, tout a été déception. « Le commerce s'aperçoit qu'il est avantageux d'opérer à l'abri du pavillon national sur des marchés dont la métropole a elle-même réglé les conditions. Les colonies sont la réserve du commerce ; et celui-ci, pour s'aventurer à la recherche de débouchés nouveaux a besoin de s'appuyer sur des points fixes d'où il part et où il se replie, en cas d'insuccès, avec la certitude d'un bénéfice modéré qui aide à courir les chances de la spéculation. Les mêmes

(1) Rap. Huc et C., p. 9.

(2) Du travail libre et du travail forcé aux Colonies, par M. Lepelletier-Duclary, président du conseil colonial de la Martinique. Paris 1841, p. 20.

(3) M. de Pradt, tome 1er, p. 196 à 198, des Colonies.

motifs commandent à la marine de multiplier ses rades, ses arsenaux, ses stations navales et ses croisières. Car la force navale est au commerce maritime, ce que la force de terre est à la police intérieure aux frontières et aux relations intrà continentales. » (1)

« Il importe donc à la France (2) d'avoir, dans les mers que parcourent ses escadres, des lieux de relâche bien fortifiés, où les vaisseaux français puissent trouver un abri contre les tempêtes, et au besoin, un point d'appui contre des forces supérieures. Pour intercepter le commerce de l'ennemi, il importe d'avoir sur tous les grands embranchements des voies commerciales, des stations et des croisières. — Sans colonies, nos stations et nos croisières seraient à chaque instant compromises. Nos colonies, situées, les unes à l'entrée du Golfe des Antilles, les autres sur la grande route des Indes orientales, sont très-propres à concourir ainsi au succès de nos armes. »

« Bien que depuis le traité d'Utrecht, la France ait constamment perdu de ses possesions coloniales, elle a eu tort de ne pas attacher d'importance à ce qui lui en reste. Nos colonies sont loin d'avoir atteint la prospérité agricole, manufacturière et commerciale qu'elles peuvent avoir, (3) et il est telle circonstance qui pourrait tripler le mouvement des affaires sur ces divers points. Les Anglais n'ont rien de comparable à la position navale et militaire de Fort-Royal. La Guadeloupe, indépendamment des richesses déjà crées sur son sol, et de celles que la partie inculte de son territoire peut encore produire, possède le port marchand le plus sûr et le plus commode qui se trouve dans les Antilles, à l'exception de lile de Cuba. Les premiers colons de Cayenne avaient appelé la Guyanne la France équinoxiale; une colonisation bien entendue ferait une réalité de cette dénomination inspirée par l'esprit d'aventure. » (4)

Toute nation qui ne se propose pas un but d'aggrandissement dépérit. La colonisation, sorte de conquête paci-

(1) J. Le Chevalier, id. p. 27.

(2) Rap. du duc de Broglie, p. 49, etc.

(3) Le tiers seulement de la surface de nos Colonies est propriété particulière et de ce tiers, le tiers à peine, ou le neuvième du total est cultivé. — Duc de Broglie.

(4) J. Le Chevalier, p. 27, 28. Voyez sur ces points le rap. du duc de Broglie, p. 49.

fique est le mode d'extension le mieux approprié à l'esprit de la société moderne. » (1)

Cependant, malgré les hautes leçons de l'Angleterre, malgré l'exemple de cette puissance d'une sagesse politique consommée, qui, sans craindre de s'appauvrir en gardant, prend avec intrépidité de toutes mains, et partout, quelques esprits étroits laissent encore percer « la foi au sophisme économique qui considère les possessions coloniales comme désavantageuses à la métropole. » C'est que pour penser et agir comme nos grands intérêts l'exigent, ce ne sont point des hommes habitués à spéculer au jour le jour ou à courte échéance qu'il faut placer en face de nos ennemis naturels, ce sont des hommes d'état de la grande école. L'Angleterre en fourmille.

En cherchant parmi nos concitoyens ces élus de l'intelligence et de la science politique qu'il est permis de qualifier du titre d'homme d'État, autrement que par courtoisie et sans crainte de provoquer les justes ironies du public, il nous est difficile de ne point rendre hommage au mérite consommé de M. le pair de France marquis d'Audiffret, membre de la minorité de cette commission dont M. le duc de Broglie a rapporté les travaux.

Quelques paroles du rapport de M. d'Audiffret sur les finances, du 25 janvier 1843, auront vivement frappé les esprits méditatifs. Il s'agit de la lutte entre les deux sucres ; question dont je me suis interdi l'examen ; je ne considère dans ces lignes que l'opinion de l'illustre économiste sur l'importance des colonies.

« Nous immolons encore avec une fatale persévérance, *depuis dix années*, et jusqu'à décision contraire, les intérêts du commerce, de la navigation, de notre puissance maritime et du Trésor public en provoquant la lutte malheureuse du sucre de betterave contre le sucre de canne, pour enrichir quelques entreprises agricoles très-circonscrites qui appauvrissent le budget de plus de trente millions par exercice au profit des départements les plus producteurs, au détriment de la population moins favorisée de notre littoral et à la ruine certaine de nos établissements coloniaux, » emportés que nous sommes par je ne sais quelle fatalité à la pratique de cette maxime antiprovidentielle

(1) J. Le Chevalier, p. 29.

signalée par l'honorable et savant député M. Cordier : *Divites implevit bonis et esurientes dimisit inanes.*

« Si nous savions profiter aujourd'hui des dures leçons que nous avons déjà reçues de notre propre expérience et nous décourager *des théories présomptueuses*, nous parviendrions bientôt à ranimer l'ancienne prospérité de *notre marine marchande* et de nos possessions d'outre-mer, et à rouvrir, ainsi, pour notre patrie, deux sources de richesses et de grandeur, bien plus fécondes et bien plus politiques que les crédits progressifs du budget. »

« N'obéissons plus, en cette occasion, à l'influence fatale et trop dominante des opinions aveuglées par l'égoïsme local, ou par un patriotisme étroit, et que l'on trouve toujours moins intelligent et moins soucieux de l'intérêt général que des plus petits avantages sérieux ou illusoires qui sont à la portée du plus grand nombre. »

Une fois pour toutes sachons nous le rappeler : « La supériorité maritime » que les colonies seules peuvent nous assurer» est, par sa nature, beaucoup plus étendue dans ses effets que la supériorité purement continentale. L'Angleterre avec une petite armée mais avec une grande flotte peut tenir enfermée toute partie du monde qu'elle veut. Ses flottes ont bloqué, à la fois, la France, la Hollande, l'Espagne avec toutes ses colonies. La Prusse, la Russie, l'Autriche, avec de grandes armées mais avec peu ou point de marine, ne peuvent étendre le bras de leur puissance que sur quelques points à leur portée. » L'Angleterre, par sa marine est partout et n'est nulle part : partout pour fondre à l'improviste sur l'ennemi, sur les possessions de l'ennemi; nulle part lorsqu'une puissance accidentellement supérieure menace ses flottes, parce qu'alors les vents lui prêtent leurs aîles. Elle fuit, mais de la fuite du Parthe et ne cesse de fuir que pour poursuivre à son tour.

Cette puissance glorieuse à la fois et lucrative fut la nôtre; et des politiques pusillanimes se rencontrent pour nous persuader d'en anéantir à tout jamais les éléments ! Il s'agit de dégager enfin de la tyranie des sophismes nos intérêts les plus vitaux.

« Nous ne regretterons jamais ce grand acte de délivrance et de salut pour notre commerce, notre marine, nos colonies et même notre agriculture. Il y aurait entêtement, presque barbarie à sacrifier plus longtemps à ces scrupules exagérés de la bonne foi, la justice et le bien public, cette loi suprême de toutes les théories. » (1)

Cette voix si grave qui s'élève pour dissiper l'esprit de vertige et d'erreur laisse encore échapper ces paroles : pourquoi ne pas comprendre « comme les autres nations maritimes que c'est beaucoup plus au développement de la navigation marchande, aux progrès du *commerce de long cours*, et *à la prospérité des colonies*, qu'à l'accroissement des armements et de l'effectif entretenu qu'il faut demander le rétablissement de notre puissance morale. »

Mais, les colonies, se sont récriées quelques-unes de ces consciences politiques timorées et faibles qui, dans toutes les questions, se cantonnent sur un point unique, et sur le plus humble, sur le plus bas, inhabiles qu'elles sont à s'élever ; les colonies ne sont-elles pas pour la métropole une occcasion toujours menaçante de guerre !

Et oui, certes, Dieu soit loué, cela est, mais de guerre et de force comme la terre ; comme le nombre et l'étendue des domaines sont une occasion de procès pour le riche auquel ils prodiguent les ressources nécessaires tantôt pour les conjurer, tantôt pour les soutenir et triompher. Les lieux bas de la logique conduiraient des esprits de cette trempe jusqu'à condamner politiquement la possession des biens de ce monde dans la seule crainte de la rouille et des brigands !

Examinons, d'ailleurs, ce qu'il y a de chimérique dans leurs préoccupations. « De toutes les guerres entreprises depuis 1627, c'est-à-dire dans l'espace de plus de deux cents ans, il ne faut excepter que celle de 1756, appelée la guerre de Sept Ans, qui commença dans le Canada, et pendant laquelle une partie des colonies françaises passa sous la domination Anglaise. (2) » Mais alors une courtisane régnait sous le nom d'un roi !

Lorsque la guerre déchaîna ses fureurs, combien de fois la France, prise au dépourvu, n'a-t-elle pas vu jaillir tout armées du sol ardent de ses colonies des troupes admirables de discipline, d'intrépidité et de constance ? Combien de fois, s'arrachant aux douceurs, aux séductions du foyer paternel et conjugal et aux immenses intérêts de leurs exploitations, les colons répondant au cri d'alarme de la France

(1) Marquis d'Audiffret, id.

(2) L. Duclary, id., p. 20.

ne se sont-ils pas élancés sur les terres ennemies du Nouveau-Monde! « Car les Créoles sont régulièrement organisés en milices, mais fort sérieusement et comme de la troupe de ligne. Ils ont la même discipline militaire et personne n'est exempt du service, de dix-huit à cinquante ans. (1) » Et voilà comment il est vrai encore que les Créoles se dérobent à l'impôt du sang! Pour les hommes qui ont visité les colonies ces paroles ne font que raviver un souvenir : C'est que dire un Créole c'est dire un brave, et souvent plus!

Une proposition encore nous a frappés, la voici : « S'il est du devoir de la France de maintenir en état de défense les colonies des Antilles, c'est parce que leur population est d'origine française et qu'à ce titre elle a un droit imprescriptible à la protection de notre drapeau. » (2)

Nous rendons hommage à cette idée parce qu'elle émane d'un sentiment de justice ; mais les colonies ne croient pas abuser de la fierté en proclamant que le sentiment même d'un droit sacré ne retentit pas exclusivement dans les accents de leur voix. Ce cri de détresse que la mort leur arrache en les saisissant, voici comment la raison le traduit : Vous laissez périr en nous votre commerce et votre marine ; richesse, puissance, honneur ! Renonçant à la possibilité ultérieure de tout développement tandis que tout autour d'elle s'accroît, s'aggrandit et se développe, la France se laissera-t-elle aveuglément encercler, par les sophismes de l'ignorance politique, ou par les ruses et les violences de l'étranger, dans une ceinture de fer où le temps seul, et rien que le temps suffirait à l'étouffer ?

Écoutez, écoutez : « Le peuple qui a acquis ou perdu des colonies importantes ne se ressemble pas à lui-même avant ou après ces acquisitions ou ces pertes. La richesse fait aujourd'hui la base de la puissance, et les colonies étant, sans contredit, la source la plus abondante des richesses modernes, elles sont par là même celles de la puissance. (3)

Qu'il serait heureux pour les Français « que ces paroles entrant bien avant dans leur esprit les détournassent de

(1) Granier de Cassagnac, voyage aux Antilles 1804, Globe, 27 octobre. Cet ouvrage sera cité sous le titre : Voyage aux Antilles.

(2) M. de Carné.

(3) M. de Pradt, vol. 1er, p. 324, 325.

leur sommeil sur ces grands intérêts et pussent les porter à cesser de jouir en maîtres distraits de biens dont la perte seule pouvait leur faire connaître l'étendue. (1) »

En indiquant nous avons assez dit, que la France avise !

(1) L'abbé de Pradt, dép. colonies, tome 1er, p. 158, et suite, p. 159, 160, 168, etc.

CHAPITRE II.

INFLUENCES CONTRAIRES AUX COLONIES.

A quel mauvais génie, cependant, attribuer cette politique de contre bon sens qui depuis de si longues années dirige, ou, plutôt, dérange la France dans le maniement de ses affaires coloniales?

Au faux et mauvais principe de l'esclavage d'abord; car les mauvais principes préparent et créent les positions fausses. Mais ensuite, et indubitablement, au génie de l'étranger, génie si facile à mystifier et à vaincre lorsque l'union règne dans les esprits; mais génie perfide et prédominant à ces époques où la discorde travaille, en se jouant, les nations; où l'esprit de société s'éteint avec les principes qui en sont la vie; où les forces sociales se désorganisent, où la nation n'étant plus nulle part, en quelque sorte, des individus se rencontrent partout qui deviennent tout pour eux-mêmes. — C'est-à-dire en ces temps où l'intérêt individuel dans toute la laideur de son cynisme se substitue aux intérêts généraux. En ces jours donc, mauvais pour tous, excepté pour les hommes pervers, le génie de l'étranger se forme, où bon lui semble, un asile couvert et ténébreux; il s'insinue sourdement, il se déguise sous mille noms, il se travestit sous mille formes, il inspire jusqu'à la loyauté, souffle, remue, tourmente, et ses possédés, troublés dans leurs facultés morales, sont moins souvent encore ses adorateurs que ses esclaves.

«La politique anglaise n'avait pu triompher complètement de la Restauration (1) ni à Vienne ni à Paris ni à Vérone, elle se prépara les voies d'un succès ultérieur. »

«Le pays qui depuis un siècle avait accaparé le monopole de la traite» (2) « l'Angleterre, voulait forcer la France, l'Epagne, le Portugal, la Hollande à changer subitement le régime de leurs colonies sans s'embarrasser si ces états étaient arrivés au degré de préparation morale où l'on pourrait donner la liberté aux nègres, *en abandonnant, à la grâce de Dieu,* la propriété et la vie des blancs. Il fallait, parce que l'Angleterre qui possède l'Inde, l'Océanie, le Cap, l'île de France, le Canada, des îles dansla Méditerranée, (et depuis ces lignes écrites, qui s'est ouverte sous nos mains l'Egypte, la Chine, et tant de contrées;) il fallait, parcequela Dominiqueetles Bermudes ne sont pointnécessaires à l'Angletterre pour l'entretien de ses flottes et de ses matelots, que nous eussions jeté vite dans la mer Pondichéry, Bourbon, Cayenne, la Martinique, la Guadeloupe. Tous ces tories, adverses, *pendant trente ans,* à la motion de Wilberforce, étaient devenus *passionnés* pour la liberté des nègres, tout en maudissant la liberté des blancs. — Le secret de ces contradictions est dans les intérêts privés et le génie mercantile de l'Angleterre, c'est ce qu'il faut comprendre afin de n'être pas dupes d'une philanthropie si ardente et pourtant venue si tard! La philanthropie est la fausse monnaie de la charité. » (3) M de Chateaubriand le dit, j'éviterai pour ma part, autant que possible, de prononcer ce mot si fort détourné de son étymologie. Je ne veux point irriter ceux qui s'en parent, et souvent à juste titre. (4)

Opiniâtre dans ses rancunes et cent fois plus encore dans la poursuite de ses intérêts mercantiles, «la politique étrangère, renforcée du parti anticolonial, et de tous les idéologues de l'Europe, s'empara du théâtre de la discussion et réussit à enlever aux colonies une grande partie des conditions de leur existence future. (5) L'on vit en France, sans trop pouvoir se l'expliquer, une partie de la littéra-

(1) Huc et C., p. 5.

(2) Revue des Deux Mondes, juillet 1843, p. 183.

(3) Congrès de Vérone, Chateaubriand. p. 78, 79, tome 1er.

(4) Ceci répond aux avocats de la loyauté des abolitionnistes Anglais. — Voir sur ces sociétés et leur origine L.-J. Clausson, ancien magistrat précis de la révolution de Saint-Domingue, 34 à 38, preuves de l'influence Anglaise.

(5) Huc et C., p. 6.

ture, de la presse périodique et même des classes éclairées s'infecter de ce mal anglican. « (1) » En 1840, M. Hobhouse, se laissant habilement filer au courant des idées, a donc pu se dispenser d'expliquer des dépenses de 1,200,000 francs faites annuellement, depuis 1833, pour le compte de la compagnie des Indes en disant, seulement : qu'il n'était pas de l'intérêt du pays que l'objet en fut avoué. Les circonstances ne permettent point de douter qu'un des besoins les plus pressants de la politique de la Grande Bretagne ne soit l'anéantissement, par l'émancipation, de toutes les colonies occidentales et, notamment, des colonies françaises, celles qui doivent naturellement lui porter le plus d'ombrage. » (2)

Associations religieuses, dociles, *jusqu'à ces derniers jours*, aux signaux de la politique; propagande abolitionniste, écrits, appels à l'humanité, littérature soldée, moyens de police politique, voilà la marche de l'étranger. — Et rien n'offre de telles facilités dans l'emploi de ces moyens ténébreux, que l'invincible répugnance qui s'empare des cœurs généreux, lorsqu'il s'agit d'y croire; disons plus, des esprits même perspicaces, que l'expérience ou le long exercice de leur jugement n'ont point familiarisés à la connaissance des hommes et des choses.

Je demande donc que l'on veuille bien me pardonner, à ce sujet, de rappeler dans quelques lignes digressives que des prix médiocres décernés à l'infamie, suscitent jusque dans les classes élevées une active concurrence.

(3) «Les agents secrets de la police politique, voués, d'abord, à d'autres habitudes, sortis des emplois ordinaires de la vie, ont été pour la plupart réduits à ce métier par le besoin, la vanité, le *goût du plaisir*, le désordre. Quelques femmes s'y adonnent aussi, dans des conditions analogues, pour couvrir de folles dépenses, pour se créer une position que leur interdirait la médiocrité de leur fortune. Quelques agents cèdent à *de dures nécessités*.

En 1831, la préfecture recevait les plus utiles révélations d'un jeune étudiant, fort intelligent, à qui un modique

(1) Id. voy. Emancipation. — Rap. de Broglie, p. 54, 55.

(2) Rap. Huc et C., p. 13.

(3) Etudes administratives; M. Vivien, ancien préfet de police. — Revue des Deux Mondes, 1842, 1er décembre.

salaire, ainsi gagné, souvent au péril de ses jours, permettait d'être le soutien d'une mère et d'une sœur et de subvenir aux frais de ses cours. — En général, les services de la police s'obtiennent à peu de frais. *La concurrence est très-grande.* Les consciences se tarifent *à très-bas prix.* Chaque jour de nombreux concurrents se présentent et la correspondance est pleine d'offres de service. »

L'étude et la réflexion dissiperont peut-être le ridicule que certains esprits aiment à mêler aux alarmes que l'idée des moyens de police inspire. Quelque minimes que soient ces dangers, j'ai cru devoir les signaler. Je ne dis point voilà qui est; mais voilà qui peut être, qui doit être; ouvrez les yeux. Ces documents ne peuvent perdre toute leur importance en face des puissants moyens d'influence et d'action de la police politique étrangère; à l'aspect de cette foule de concurrents élevés dont plusieurs, afin de fournir aux exigences du plaisir, du désordre, ou de l'ambition qui les dévore, peuvent et doivent se disputer sourdement le privilége de trahir leur patrie à deniers comptants, heureux d'un choix qui les enrichit et *ne les abaisse point* à la misérable ressource de servir, au prix de maigres *honoraires,* la police de leur propre gouvernement.

Ces craintes qu'ont l'égitimées, fortifiées la raison et la marche des choses, tomberont-elles devant les paroles de l'homme dont le plus grand et le plus terrible génie des temps modernes, Napoléon, appréciait si vivement la sagacité politique.

(1) « On ne peut guère douter que depuis le cardinal Dubois, nos ennemis n'aient, sauf quelques intervalles assez courts, *influé sensiblement sur nos conseils,* lorsque l'on voit, depuis cette époque, toutes les grandes opérations de l'administration, en *contradiction formelle* avec les lois naturelles de la France, finir par en consommer la subversion, et que l'on remarque, dans ces derniers temps, les coups portés contre la puissance commerciale et maritime de la France; contre ses ports, ses villes commerçantes, ses *colonies surtout...* Les autres nations et, particulièrement la France n'ont pas assez fait d'attention à cette engouement général que les Anglais ont eu l'art d'inspirer pour leurs mœurs, leurs usages, leur littérature leur *constitution...* »

(1) De Bonald, législ. primit., tome 3, p. 444, 445. Paris 1817.

Mais s'il nous plaît de négliger la certitude ou, seulement, le soupçon de ces pratiques occultes, nécessairement désavouées et dont les 1,200,000 francs annuels de M. Hobhouse pourraient ne former qu'un appoint, examinons de quelle sorte a procédé l'Angleterre, si habile à guider la force par la ruse et à soutenir la ruse par la violence.

Lorsque les événements semblaient précipiter la perte de nos colonies, les majorités successives de ses parlements rejetaient de toute la hauteur du dédain britannique la question de l'émancipation. L'histoire est présente pour dire si ce sont là des suppositions au service de ces sentiments de patriotisme que l'école Anglo-Française appelle préjugés surannés et vulgaires : Anglophobie ! Et puis, lorsque la fortune se prenait à nous sourire, ces dédains s'évanouissaient, les droits de l'homme, après avoir fait le plongeon, reparaissaient sur le flot de l'éloquence parlementaire.

Enfin, plus tard, lorsque la loi d'avril 1833 eut reconnu aux colonies françaises des droits acquis, ce fut le moment de porter le coup décisif, et le bill d'émancipation n'eut qu'à paraître pour entraîner *tous les votes.*

« Ce bill, par lequel l'Angleterre, (1) « ainsi que nous ne tarderons pas à le voir,» émancipe d'une part, tandis que de l'autre elle resserre les liens, souriant à l'ouest, d'un côté de son double visage, et de l'autre, tourné vers l'Orient, fronçant les plis de son sourcil ; ce bill la démasquait si laidement, « qu'elle ne songea presque plus, pendant un temps, à dissimuler ses allures. » Mais il serait absurde, nous objectera-t-on, de s'imaginer que, pour détruire les colonies françaises et espagnoles les Anglais sacrifient les leurs : sans doute, s'il s'agissait pour eux d'un sacrifice qui fut autre chose que nominal ! Mais lorsque toutes les nations maritimes du continent se verront sans marine, y aura-t-il une autre marine possible que celle de l'Angleterre ? Non. A qui donc appartiendra le monopole du commerce universel ? A l'Angleterre. Croirait-on qu'un tel avenir ne vaille pas le sacrifice de toutes les îles anglaises ? Et l'émancipation qui fera tout perdre à ses imitateurs, ne lui enlève même point les avantages commerciaux qu'elle retirait de ses grandes et petites Antilles ; ces avantages se retrouvent au centuple ailleurs. Il y a plus, ces îles éman-

(1) Huc et C., p. 13.

cipées lui servent comme station navale et position militaire. Sa marine *les lui conservera* et sous le point de vue d'une guerre offensive et défensive elles serviront mieux à l'avenir comme pépinière et repaire de flibustiers et de boucaniers. » (1)

Dès lors, qui pourra lutter contre elle? La France? A peine vingt-six ans de possession paisible de ses colonies ont pu lui donner un commencement de marine! Lors même que sans colonies, elle ferait le miracle d'improviser une marine, celle-ci, une fois éloignée du golfe de Gascogne et de la Méditerranée, sans port de retraite, de radoub et de ravitaillement ailleurs, ne devrait-elle pas redouter autant la victoire que la défaite?

Est-ce la Russie? tant qu'elle n'aura pas dans l'Atlantique, un lieu sûr pour la réunion des flottes de Croustadt et de Sébastopol, ses vaisseaux n'auront pas plus d'utilité pour elle que les villages de carton érigés par Potemkin sur la route de Catherine.

Est-ce l'Union Américaine? Oui, peut-être; mais la conquête de la Jamaïque, des Antilles, du Canada, ont semblé un moment tellement imminentes aux Anglais, qu'ils n'ont point hésité, pour occuper et affaiblir les Américains, à convertir l'obstacle en moyen par le fait de l'émancipation. « Ainsi, par l'émancipation, l'Angleterre triomphe de fait et sans guerre de toutes les nations maritimes qui pourraient s'unir contre elle; comme par la possession de l'Egypte et de la Syrie, elle s'assure les moyens de résister à la seule nation continentale pour qui elle puisse devenir vulnérable. » (2)

Ces passages remarquables font éclater l'imprudence de la protection accordée, en dépit des dispositions du Code pénal, et des lois terribles de septembre, à l'établissement de la société française des abolitionnistes. Cette société forme, en effet, un gouvernement dans le gouvernement, entrave la marche de l'administration, en imposant ses abstractions à la place du positif gouvernemental, » et, soutenue par l'État, trop faible et trop mou pour lui refuser d'importants secrets, elle doit, à son insu même, ouvrir son sein aux salariés des implacables ennemis de la France,

(1) Rap. Huc et C., p. 14.

(2) Rap. Huc et C., p. 15, 16.

habiles à se servir des dupes les plus honorables pour l'affaiblir et la mutiler.

Les Anglais, Anglais avant tout, ont demandé partout l'émancipation des esclaves. « Leur but » principal « c'était et c'est encore d'anéantir le commerce des autres nations ; car il n'est pas si philanthrope qu'il veut bien le dire » ce peuple pour qui l'interdiction de la traite, (1) qui *s'arrête aux limites de ses possessions orientales*, est encore un coup de fortune ! En effet, *nos colonies exceptées*, l'odieux trafic de la traite continue sous le coup de l'interdiction ; l'Angleterre fournit par ses manufactures les principales denrées d'échange ; elle forge, à Birmingham, jusqu'aux fers destinés à garroter à bord les cargaisons d'esclaves qu'elle saisit et s'approprie, au lieu de les libérer ; enfin elle sait se faire du droit perfide de visite un moyen d'espionner et de détruire le commerce et les marines de l'Europe ! Il n'est pas si philanthrope ce peuple qui recrute sa marine par la presse, c'est-à-dire par la chasse aux hommes, aux citoyens libres, traqués et surpris de nuit, assommés s'ils résistent, et transportés sans connaissance sur les vaisseaux de l'État où ils apprennent, en revenant de leur étourdissement, qu'ils ont le bonheur de servir un pays libre ! Ce peuple qui opprime l'Irlande avec une intrépidité de tyrannie que nous nous proposons de décrire, non pas seulement en lecteur ou en auditeur, mais en témoin. Ce peuple qui fait battre de verges ses soldats délinquants jusqu'à ce que toute pulsation des artères ait cessé. Ce peuple chez qui l'esclavage, tel que nous le trouvons en usage dans les Indes, rappelle les plus mauvais jours de l'esclavage du paganisme ! Les plus importantes de ces propositions ne passeront point sans preuve. Et pour qui sont-elles un doute ?

« Assurée de ses immenses royaumes des Indes ? fécondés par le sang, l'Angleterre conspire en faveur de l'Asie, non-seulement contre nos colonies, mais contre les États-Unis Américains ; contre l'Amérique Espagnole dont elle a suscité les haines républicaines et anarchiques, et contre le Portugal dont elle enlève violemment les navires sur les rivières de l'Afrique. C'est que la différence du mouvement des villes maritimes, comparé à la stagnation des villes de l'intérieur, l'anime à s'assurer sur toutes les mers, les po-

(1) Voir en confirmat. le rap. de Broglie, p. 61.

sitions qui la rendant maîtresse de toutes les colonies, interdisent toute marine aux autres peuples. (1) » « Et cependant il existe encore dans les conseils et dans les sénats de la France des hommes politiques dont la voix proclame que cent charrues valent mieux que cent vaisseaux. » Ces hommes-là ne sont point des Colbert et c'est ce dont ils se glorifient !

L'expérience de M. le marquis d'Audiffret ne lui permettra point de prendre place au milieu de ces économistes. Voici ses paroles : « N'est-ce pas au concours patriotique de tous ses habitants, de tous ses colons, de toutes ses industries, que l'Angleterre doit sa supériorité morale plutôt qu'aux efforts limités et insuffisants de son amirauté et de sa trésorerie. »

Mais comment résister à l'incessante activité des membres de la société abolitionniste française, lorsque déjà cette société se pose comme une puissance et reçoit des ambassadeurs ? Deux missionnaires, MM. Gurney et Forster, sont venus la saluer et lui parler à huis-clos. Mais si les murs ont des oreilles ils agissent peu. C'est au public européen qu'il convenait de s'adresser par un des grands porte-voix de la renommée (2).

En conséquence, cette société décréta un *meeting;* soit, une assemblée générale de tous les abolitionnistes anglais, français, etc., à l'hôtel de ville, et *l'Anty-Slavery Reporter* du 26 janvier, annonça que l'Angleterre et l'Irlande y assisteraient par représentation solennelle.

Voilà donc en opposition aux délibérations et aux votes du Palais Bourbon, les délibérations et les votes anglo-français de l'hôtel de ville.

Et comment l'Angleterre ne s'éprendrait-elle pas d'un ardent amour pour la liberté du noir des colonies occidentales !

Sachant, en effet, que l'abolition du travail forcé amène une diminution considérable dans la production du sucre, et doit entraîner, dans un certain nombre d'années, la cessation *totale* de cette culture dans ses colonies d'Amérique, n'a-t-elle pas un intérêt visible à abolir le travail

(1) V. L. Duclary, p. 80, 81. — V. les campagnes de lord Cochrane. —V. Burke.

(2) Voir Philanthropie anglaise, par M. Jolivet, député et délégué des colonies. 1842.
Id. 1. P. 1, 2. — Id. V. Clausson sur ces sociétés, etc., p. 34 à 38.

forcé dans les colonies françaises et espagnoles, au Brésil et dans les états du sud de l'Union américaine (1)?

Si le travail et les productions s'y maintenaient, l'Angleterre aurait *manqué* son but principal; le but qu'elle n'a pas librement choisi, je le veux bien, mais enfin, celui qu'elle se propose, si ses remords à l'égard de ses propres colons, si le cri de leur désespoir lui permettent de l'atteindre; c'est-à-dire, de remplacer le sucre de l'Amérique par le sucre de l'Inde.

Aussi, maintenant que l'Angleterre s'est vue contrainte de démasquer une partie de ses batteries, quelles manœuvres sourdes ou patentes lui répugnent selon les temps ou les lieux?

« Ses émissaires viennent embaucher les noirs jusqu'à la Martinique et à la Guadeloupe, et faciliter leurs évasions que M. le gouverneur contre-amiral Duvail-d'Ailly attribue officiellement aux perfides conseils et aux coupables insinuations du dehors. Puis, lorsque les noirs, dégoûtés du régime anglais, veulent retourner dans nos colonies, l'Anglais s'oppose à leur retour (2).

« Cuba, cette reine des Antilles, depuis l'émancipation et la ruine de Saint-Domingue; Cuba, dont l'Angleterre contemple d'un œil d'envie la prospérité toujours croissante, est devenue le point de mire de ses attaques. Elle y avait envoyé un consul, *un membre de cette société abolitionniste* qui fournit la grande députation convoquée pour le 6 mars, à l'hôtel de ville. Ce consul, M. Turnbul, vient d'appeler les noirs de Cuba à la révolte, et le gouverneur général s'est vu dans la nécessité de le faire arrêter (3).

S'il existait encore une âme assez primitive pour se figurer qu'un esprit de religion ou de philantropie anime le zèle de l'Anglais en faveur de cette grande mesure de l'émancipation, il suffirait d'en appeler aux faits pour la désabuser. Et ces faits, ce sont les documents officiels de la chambre des communes qui nous les révèlent.

(1) V. à ce sujet les aveux et conséquences du rapport de M. le duc de Broglie, p. 286 à 314, etc.

Id. 1. Prévisions et marche des hommes d'état Anglais, lord Stanley, Chambre des Communes, 10 mai 1841. Lord Russel, 7 mai, p. 7, Phil.

Id. philanthropie anglaise, p. 11.

Id. V. rap. de Broglie, p. 316.

(2) Philanth. Ang., p. 23, 24. — Id. Voy. aux Antilles de C., 31 octobre 1841. — Id. v. rap. de Broglie, p. 62, etc.

(3) Phil. Ang., p. 24.

De ces documents, il résulte que la traite, non plus seulement le maintien de l'esclavage, mais le commerce d'hommes, « poursuivi par l'Angleterre, depuis trente ans, sur la côte occidentale d'Afrique et d'Amérique; la traite, pour la répression de laquelle elle a fait les traités de 1831, 1833 et 1841, et voudrait que la France et les États-Unis sacrifiassent la liberté des mers; il résulte que la traite se fait, paisiblement et en grand, sur la côte orientale d'Afrique et dans l'Inde.

Un rapport du capitaine Bruks, commandant de la station navale à Surate, apprend..... que les vaisseaux arabes débarquent, journellement, des cargaisons d'esclaves, et qu'ils sont reçus sur toute la côte, excepté sur le territoire gouverné par le Rana de Porebunder, etc., etc., (1).

Un rapport de juin 1834, du premier magistrat de Calcutta, établit que la traite continuait à s'y faire, au moyen d'un service régulier de navires, sur le golfe Persique (2).

Un trafic mille fois plus odieux se fait dans l'Inde Anglaise, c'est le trafic des enfants de toutes couleurs, de toutes castes. — Les lois y autorisent (3) la vente des enfants par leur père et mère, et chaque année il se vend des milliers d'enfants, voués à un esclavage perpétuel.

L'enlèvement et la vente des enfants, *sans l'assentiment* des père et mère, ne sont point autorisés par les lois, mais ils se font notoirement et sont accompagnés des circonstances les plus atroces (4).

Il y a telle caste, celles des Thugs, des Brinjarries, des Dacoits, qui n'ont pas d'autres professions, d'autres moyens d'existence. La facilité avec laquelle ils trouvent des acheteurs encourage cet odieux trafic.

On dirait même que les tribunaux le sanctionnent. L'acquéreur d'une femme enlevée, traduit devant la cour de justice, comme complice des Dacoits, avait été acquittée par la raison qu'il l'avait achetée conformément aux usages du pays.

Enfin, on évalue à plusieurs millions le nombre des esclaves dans l'Inde anglaise; Hamilton, etc., etc., en comp-

(1) Phil. Ang., p. 26.
(2) Id. 27.
(3) Id. 28.
(4) Phil. Aug., 28.
Id. 2. Parliamertay Popery, 1839, n° 139, p. 69, 113, 159, 138, 844. (Eost Judia Slavery). 83, 84, 128, 311, 321.

tent dix millions et plus, dans toutes les castes, depuis les *Brahmines jusqu'aux Parias* (1).

L'acte du parlement, du 28 août 1833, a pour titre : Abolition de l'esclavage dans toute l'étendue des colonies britanniques, mais ce titre est menteur. En effet, la soixante-quatrième clause de l'acte du parlement *porte une exemption formelle* pour les possessions britanniques dans l'Inde, dans les îles Ceylan, etc. » C'est-à-dire dans les localités immenses qui, de fait, ne servent point de brûlots.

Une clause déclarant l'esclavage aboli à partir de 1837, fut remplacée par une autre portant : qu'attendu qu'il était utile d'abolir l'esclavage dans l'Inde, le gouverneur général serait requis de proposer à cet effet des lois et règlements, et cette clause fut attaquée, dans la chambre des lords, par le *parti ministériel* et par les *membres de l'opposition.*

Le duc de Wellington, tout en reconnaissant que l'esclavage existait dans l'Inde, disait : J'engage vos seigneuries à *s'y résigner,* si elles *veulent conserver* dans l'Inde la domination anglaise.

Lord Auckland pensait que l'esclavage, *dans l'Inde* devait être traité avec tendresse et circonspection; et, remarquez-le bien, l'opinion de lord Auckland n'a point empêché le cabinet whig de le nommer, et peut-être même l'a décidé à le nommer gouverneur général des Indes.

Il est ici question, je pense, de ce même lord Auckland, que l'on vit faire hommage à une des idoles de l'Inde, d'un certain nombre de lacs de roupies ; et qui, plus heureux que lord Ellenborough, en pareille occurence (2), fut absous par *cette nation religieuse, au nom des intérêts politiques.* — Et pourquoi condamner dans un homme les pratiques d'idolâtrie auxquelles les agents anglais ne cessent de se livrer dans les intérêts de la cupidité britannique (3)!

La fameuse clause fut définitivement formulée dans les termes suivants : Le gouverneur général est invité à s'occuper des moyens d'*améliorer* la situation des esclaves, et

(1) Phil. Ang., p. 29, 30, 41, 42, 43.

(2) Gaz. de Fr., éd. des prov., 16 février 1843.

(3) Revue des Deux-Mondes, août 1842, p. 628 à 646 : domination anglaise dans l'Hindoustan. Lisez les journaux Anglais de l'Inde.

d'abolir ultérieurement l'esclavage, alors seulement que l'abolition sera praticable et sans dangers, etc.

Les sociétés abolitionnistes anglaises, si vigilantes quand il s'agissait de l'émancipation dans les Indes occidentales, gardèrent le plus profond silence qu'elle n'ont rompu qu'en 1841.

Il faut leur rendre cette justice, que lors des dernières élections elles ont conjuré les électeurs de ne donner leurs voix qu'à des candidats qui prendraient l'engagement formel de voter pour l'abolition de l'esclavage dans l'Inde... et qu'elles ont adressé leur manifeste à tous les candidats. Mais combien y ont répondu?... Quatre! (1) » Voilà la nation. — La nation amie du positif; la nation qui nous stimule et qui nous presse; la nation qui double chacune de ses cajoleries et de ses avances, de ses ruses et de ses menaces.

« C'est au sein de cette nation que la majorité d'une commission, composée de MM. Amos, Elliot et Borradaille, commission instituée pour donner son avis sur l'abolition de l'esclavage et de la traite *dans l'Inde*, a été d'avis d'exécuter rigoureusement les lois qui défendent la traite par mer, de la *tolérer par terre*, » peuple amphibie! « et de conserver aux maîtres leur pouvoir sur leurs esclaves, les moyens de les contraindre au travail, et les châtiments nécessaires pour maintenir la discipline (2). » Or, nous n'ignorons ni la variété ni la barbarie des châtiments anglais.

« Pourquoi donc la philantrhopie de la société abolitionniste anglaise ne se préoccuperait-elle pas un peu moins de l'abolition de l'esclavage aux colonies françaises, espagnoles, etc., pour songer un peu plus sérieusement à l'abolition de l'esclavage dans l'Inde? » La connaissance du sort épouvantable de l'esclave indien, rendra cette même question autrement vive et pressante... (3)

Cependant deux vérités nous semblent suffisamment établies : d'abord c'est le fait de cette influence étrangère qui nous aveugle et ajoute sa force d'impulsion au mouvement déjà précipité à l'irréflexion de la générosité française.

(1) Phil. Ang., p. 46.

(2) Phil., p. 47.

(3) Id. Phil. Ang., p. 48.

Je me suis fait une loi de ne rien dire d'une seconde influence tout interne et qui par ses voies d'action directes ou détournées, joue une rôle important dans la question. Cette influence, partout présente, est celle de l'industrie sucrière indigène. Assez d'hommes politiques l'ont condamnée. Je ne l'attaque point, je n'en parle point; je l'indique. Une question de si haute importance, outre l'examen tout spécial qu'elle exige, refuse de se développer avant de trouver les esprits préparés par des notions positives. Ils ne le sont encore que par des préventions. Mais, peut-être, sans la force et la *souplesse* de cet ennemi nouveau-né, les colonies, et le commerce maritime dont elles sont la vie, pourraient-ils se rire de tous leurs ennemis conjurés.

La deuxième vérité, qui ne nous semble guère contestable, c'est que la plus enfantine et angélique candeur ne pourrait attribuer aux sentiments de bienveillance et d'humanité de l'Angleterre l'activité de son influence. Outre le démenti formel que jettent les Indes-Orientales, ces sentiments qui vont se promener au loin et respirer l'air des colonies auraient trop à s'exercer et à se fatiguer dans le sein de la mère-patrie, s'ils étaient sérieux, pour chercher si vivement carrière au dehors. Une évidence complète et terrible ne tardera point, du reste, à nous en convaincre. (1)

Quant à la vivacité de cette influence, exercée, sinon par le gouvernement, du moins par les sociétés que le gouvernement sait assez énergiquement réduire au silence lorsque sa politique le lui commande, nous renvoyons, entre autres ouvrages, au piquant voyage aux Antilles déjà cité, parce que la vérité s'y revêt de l'intérêt du roman ; la plupart des témoignages que nous y puisons s'y appuient des faits du rapport de M. le duc de Broglie relatifs aux embauchages de noirs. Ce que le gouvernement anglais répugne à faire ouvertement, il le laisse faire, en retranchant la tolérance qu'on lui reproche derrière les lois protectrices de la liberté !

Juge-t-on, maintenant, qu'il soit opportun de s'écrier du ton dont on stimule, et non point du ton dont on modère en dirigeant: «si l'on considère ce qui se passe en

(1) Voir mon dernier chap. où je traduis une partie du rapport officiel : l'esclavage en Angleterre. Slavery in England.

France, (sociétés abolitionnistes, etc.) il semble évident qu'au point où en sont aujourd'hui arrivés les esprits, après que les chambres se sont occupées à plusieurs reprises de la question d'émancipation et l'ont mise à l'ordre du jour, l'administration ne pourra pas longtemps résister à la pression de l'opinion publique sur ce point. » (1) L'émancipation des commissions que nous avons nommées n'est point celle qui enlèverait nos suffrages. Trop d'erreurs y rendent, le public qui les embrasse, ennemi de lui-même!

Et puis, lorsqu'après cette invocation à l'opinion publique, on veut nous mettre « en présence de *l'opinion de l'Europe* » (2) qui l'a formée, tandis qu'il ne s'agit pour nous que des intérêts et de la gloire de la France, on doit s'attendre à ce que nous nous raidissions de toute la raideur de notre patriotisme, parce que cette *opinion Européenne*, travaillée par d'infatigables agents, se compose de toutes les rancunes, de toutes les haines, de toutes les terreurs que nos prospérités passées ou possibles inspirent aux nations de l'Europe. Eh quoi! est-ce donc un rêve, un cauchemar? que sais-je? « Le régime des habitations est doux, et *progressif*, aucune passion, aucune opinion indigène n'en demande la transformation radicale, » (3) et c'est « l'opinion publique de l'Europe » qui va présider à nos réformes, à nos destins!

Le patriotisme des Anglais n'est point le nôtre. Ce n'est point l'opinion pubique de leurs ennemis qu'ils consultent pour la suivre. Nous baissons ; ils s'élèvent!

(1) Rapport au nom de la commission chargée d'examiner la proposition de M. de Tracy, relative aux esclaves des colonies, par M. A. de Tocqueville, p. 7. — 23 juillet 1839, cité désormais : Rap. Tocq.

(2) Rap. Rémusat, comme ci-dessous.

(3) Rapport au nom de la commission chargée de l'examen de la prop. de M. Passy, sur le sort des esclaves, par M. de Rémusat. Moniteur 19 juin 1838, p. 1749, 3me colonne, cité désormais : rap. Rém.

CHAPITRE III.

LES SYSTÈMES; ET RIEN QUE DES SYSTÈMES. [1]

Au milieu de cette multitude de projets inadmissibles qui se disputent la gloire de la régénération des colonies, par l'émancipation immédiate ou quasi-immédiate des noirs, trois systèmes se distinguent.

Le premier porte le nom de M. Passy et se compose de ses idées revues et augmentées par une commission de la chambre des députés dont M. de Rémusat fut le rapporteur. Trop habile pour prendre son système au sérieux, M. Passy a franchement déclaré ne se proposer pour but que de mettre l'abolition de l'esclavage à l'ordre du jour. (2)

Et ce plan, deux mots le résument : émancipation partielle et progressive ; affranchissement des enfants à naître, constitution légale du pécule et droit de rachat pour l'esclave.

Mais, s'écria M. de Tocqueville (3) d'une voix justement émue ; le mariage étant presque inconnu parmi les noirs,

(1) Il faudrait lire et relire la brochure intit. Théorie et pratique. — Boulé, imp. 1843. « J'oppose aux opinions de MM. le duc de Broglie, de Sade, de Tocqueville, de Tracy, Passy et Rossi, les opinions de M. de Mackau et Jubelin, anciens gouverneurs de la Martinique et de la Guadeloupe, de M. Duval-d'Ailly, Bazoche et Layrle, gouverneurs actuels de la Martinique, de Bourbon, de la Guyane ; d'un côté système, de l'autre expérience et pratique. Préface » Les rapports relatés sont terrassants pour les abolionnistes de nos commissions. Cette brochure et plusieurs autres abondantes en documents décisifs ne me parviennent qu'après l'achèvement de ce travail. Elles en prouvent la justesse.

(2) Rap. Huc et C., p. 57.

(3) Rap. Tocq., substance, p. 18

il n'existe de rapport naturel qu'entre la mère et l'enfant. Traiter en personne libre l'enfant de la mère esclave, c'est par une interversion monstrueuse, bouleverser les rangs que la raison assigne aux deux êtres dans l'échelle sociale. Rien de bon ni d'utile ne peut sortir de cet état contre nature. Ce phénomène, il est vrai, se voit tous les jours aux colonies ; mais c'est à remplacer ce qui ne devrait point se voir, que le zèle intelligent des commissions doit s'étudier. « Comment au milieu des générations précédentes, restées dans l'esclavage, obtenir le travail de la jeune génération affranchie. » (1) Comment imposer le travail aux parents esclaves en présence de leurs enfants libres ?

La loi, d'ailleurs, assure au propriétaire la descendance de l'esclave, c'est un bien sans lequel sa fortune tourne à néant. On ne peut donc l'en dépouiller sans une indemnité réelle, c'est-à-dire complète. Quant au pécule, il existe de fait et à ce point que le respect des maîtres pour la propriété de leurs esclaves, rappelle les délicatesses du scrupule chevaleresque. (2) Pour ce qui est du rachat forcé, c'est un mode d'affranchissement condamné par une commission de la chambre qui l'a reconnu propre seulement à désorganiser sans rien fonder.

Ce système, les colonies l'ont condamné, et la chambre l'a flétri de ces trois mots : « Impuissant, immoral, désorganisateur. » (3)

Avant de passer outre, énonçons qu'en suivant les développements de ce système dans le rapport de M. de Rémusat, nous y restons frappés, pour ceux qui auraient besoin de l'être, de cette leçon qu'il adresse d'une voix timide : Les îles françaises ne ressemblent (4) plus, elles n'ont jamais ressemblé, peut-être, exactement, au triste portrait que l'imagination en a quelquefois tracé. Nous le tracerons aussi ce portrait, car la plupart des projets s'appliquent *à corriger les défauts de cette ressemblance imaginaire !*

Le deuxième système veut l'émancipation simultanée et immédiate par le rachat des esclaves pour le compte de

(1) Rap. Tocq., p. 19.

(2) Revue des deux-Mondes, id. 15 juillet 1843. Id. Rap. de Broglie, p. 208.

(3) Rap. Huc et C., p. 59.

(4) Rap. Rémusat, Moniteur, ut suprà, p. 1740, col. 2.

l'État ; une indemnité pour les maîtres ; un salaire pour les noirs libérés et l'*obligation du travail.*

En considérant les choses autrement que par la surface, ce projet rentre dans la classe des émancipations graduelles. Car une émancipation suivie de l'*obligation* du travail, ne peut être qu'un acheminement vers une liberté réelle ; mais, à l'épreuve, les faits se mettraient promptement d'accord avec la lettre, et M. de Tocqueville a fort bien dit, au sujet de ces deux modes : toute émancipation graduelle a pour effet de mener, par un chemin très-court, à une émancipation complète. » Un éclatant exemple de cette proposition parle aux yeux dans les colonies anglaises. Aussi les hommes éclairés et loyaux, parmi les plus ardents promoteurs de l'émancipation, frissonnent-ils à l'idée de raccourcir un chemin déjà trop court ; à tel point leur paraît incomplète la préparation morale des noirs ! Lorsque, précipités vers le but, ils se préparent à le frapper, la main leur tremble ; on le conçoit !

La voix de M. Laurence, délégué de Bourbon, nous apprend toutefois que les conseils coloniaux accordent la préférence à l'émancipation générale et simultanée sur l'émancipation graduelle et progressive. Selon M. Cochut, la Martinique et la Guyane optent pour une émancipation générale, *différée* autant que possible (1) ; la Guadeloupe et Bourbon donnent la préférence aux mesures partielles et progressives.

Mon esprit ne peut s'arrêter sans terreur à l'idée d'une émancipation que *sa nature*, en désaccord avec son nom, rendrait générale et simultanée. Loin de moi, cependant, la présomption d'opposer à une réunion d'hommes inspirés par la sagesse et l'expérience, une opinion qui ne serait que personnelle. Mais, cette opinion, partagée par de bons esprits, je demanderai avec d'autant plus de confiance la permission de l'énoncer que le dissentiment n'existe peut-être que dans les termes.

Il se peut, en effet, que, par des affranchissements partiels et graduels, plusieurs de ces hommes graves aient entendu les libertés produites par les systèmes qu'ils combattent, et dont les auteurs partagent violemment la population et les familles par catégories, dont les unes entreraient en jouissance de la liberté tandis que les autres

(1) Revue des Deux-Mondes, sur le rapport de M. le duc de Broglie.

resteraient astreintes aux obligations légales du travail ; véritable cause de découragement et d'irritation pour la partie lésée par le partage. Non point précisément que je me figure, avec la commission dont M. de Rémusat formule les pensées, que « l'affranchissement partiel, » en tant qu'individuel, « perpétue l'opposition qui existe dans les idées des noirs entre la liberté et le travail, et que le travail resté le signe de la servitude est en horreur comme elle. » Car, la vérité force bien à oser le dire, la servitude n'est point encore en horreur au nègre ; les faits en porteront témoignage, et c'est là un des griefs capitaux des négrophiles contre l'esclavage, qui dégrade tellement la nature humaine que l'esclave peut se trouver heureux dans un état réprouvé par la raison ! Ce que le nègre abhorre : c'est l'assiduité au travail. Dans les lieux où des populations tout entières de nègres jouissent de la liberté, le travail n'est point le sceau de l'esclavage ; au contraire, il arrive parfois que le public des noirs l'honore, lui rende de bouche les hommages les plus engageants ; et cependant, le travail reste encore le cauchemar du noir. A Saint-Dominique où l'on fête tous les ans l'agriculture on ne la pratique plus ! (1)

Eh ! mon Dieu ! chaque jour prouve combien il est contraire au bon sens de raisonner, pour le nègre, avec la subtilité d'esprit d'un métaphysicien, et de se figurer raisonner selon sa raison.

Le motif qui m'unit de cœur à la répugnance qu'inspirent des émancipations partielles *de cette nature*, ou par catégories, c'est, à la franchise près, l'air tout saisissant de famille, qu'en les scrutant je leur trouve avec l'émancipation générale et simultanée ; mes faibles yeux ne peuvent voir, sous quelque face qu'ils envisagent, qu'une révolution réelle, complète, pleine de chances cruelles et désastreuses. L'avenir en dérobe tout au plus la physionomie dans ses ténèbres, mais il ne saurait en dissimuler la présence.

Et c'est peut-être là ce qui a provoqué contre ces aventureuses mesures de prudentes oppositions. Semblables à ces globes de fer que la main de l'homme a gorgées d'artifices; elles voilent aux yeux leur contenu.

L'émancipation générale et simultanée offre un danger terrible, mais il est connu. Le moment qui la proclame

(1) Rap. Tocq. Interog. des délégués, p. 77.

trouve tout homme valide sur ses pieds, prêt à la lutte ou à la retraite. Au contraire ces émancipations par catégories ne sont autres, sous un nom trompeur, que l'émancipation générale ; ou bien elles la précèdent comme la lumière du salpêtre précède le bruit d'une explosion. Jetées entre des charbons ardents elles doivent éclater au contact d'une étincelle, au milieu d'hommes endormis.

Ah ! s'il s'agissait de ces émancipations partielles aussi, mais successives, quoique multipliées, et se pressant une à une ; récompenses accordées au mérite, à la fidélité, aux services, à l'âge, ou bien affranchissement devenus le prix d'une rançon facultative de gré à gré ; je ne sache point ce que la raison opposerait à cette marche sage et sûre de l'esclavage vers la liberté ; à ces progrès successifs et irrésistibles dont la nature physique et morale nous prodigue les exemples dans chacune de ces opérations, et que, dans mille circonstances exceptionnelles, elle nous donne le secret de hâter.

Cette émancipation ne peut-elle pas s'accomplir ainsi que s'est accompli en Europe l'affranchissement des serfs ; mais toutefois avec cette rapidité croissante d'allures, avec cette surexcitation de mouvements et de progrès que les lumières produisent dans le monde des intelligences. — Sur quel point du globe nos yeux ne nous offrent-ils point le spectacle d'opérations incessantes mais aussi peu appréciables au jour le jour, que le renouvellement et la transformation si prompte hélas! de nos propres corps !

Mais c'est ici surtout le chapitre des objections : lorsque « les esclaves n'arrivent qu'un à un à la liberté, le changement social qui s'opère échappe aux esprits (1). »

Ce résultat paraît vous chagriner, et nous y découvrons le signe heureux d'un changement opéré sans crises. « La société coloniale s'altère ; « c'est là ce qui doit s'accomplir dans tous les cas ; mais elle s'altère lentement, et le temps façonne les esprits à cette transformation. Si, dès lors, les affranchis continuent de former une classe à part, la législation que réclament les besoins de cette classe présente une œuvre moins difficile et moins périlleuse que la législation nouvelle subitement nécessaire au gouvernement des nouveaux affranchis dans le cas d'une émancipation simultanée. Alors, en effet, les citoyens néophytes dont les nou-

(1) Rap. Tocq., p. 12.

veaux instincts ne se sont point laissés suffisamment pressentir, se trouvent trop supérieurs par le nombre aux hommes qui prétendent leur dicter la loi pour échapper à la tentation d'opposer à l'autorité la force qui s'en rit.

Paresse, vagabondage, crimes, abandon des enfants, des vieillards, des malades, voilà les fléaux, naguère inconnus aux colonies, et dont l'émancipation simultanée a tout-à-coup couvert le sol anglais (1), fléaux qui désolent et dévastent les centres de population les plus considérables de l'Europe et dont la souffrance y opère le plus affligeant retour vers les idées et les habitudes de l'esclavage. Et c'est lorsque la civilisation affaiblie, attaquée par l'égoïsme cynique qui dévore le corps social, laisse voir à découvert la laideur de ses plaies, qu'au lieu de rallentir le pas et de donner aux moyens inspirés par la sagesse le temps d'agir, vous la précipitez.

Vous avez hâte d'imposer au nègre, nageant dans l'abondance, la liberté misérable de l'Européen, tandis que celui-ci, repoussant l'esclavage dans ses chansons (and Britons *shall never be slaves*, rule Britannia rule the waves), s'en va sollicitant de ce même esclavage les miettes qui tombent de son banquet (2) !

Vous voulez que la paresse du nègre résulte du mode de l'émancipation graduelle, parce que l'idée de travail, restant indissolublement liée à l'idée de servitude, il fuit le travail comme un déshonneur. Non. Vous avez beau douer gratuitement le nègre de votre délicatesse, il ne sait point devenir si chatouilleux à cet endroit. « Et lorsque l'expérience nous apprend que, partout où il y a des esclaves qui travaillent, les hommes libres restent oisifs » (3), elle ne nous apprend que la moitié de ce qu'elle sait; cette seconde partie de sa leçon : c'est l'insurmontable répugnance du noir pour toute continuité de labeurs (4) ! C'est l'invincible antipathie pour le travail qui caractérise tout homme non civilisé ; et vos yeux vous disent si l'esprit de la civilisation descend sur l'affranchi par la simple imposition des

(1) V. Rap. de Broglie, p. 158, 159, 308 à 316, quoique ce soit ailleurs que j'ai puisé les documents qui se résument dans cette proposition.

(2) Voir le rapport officiel Slavery in England : l'esclavage en Angleterre, dans mon dernier chapitre.

(3) Rap. Tocq., p. 13.

(4) Consultez attentivement le rap. de Broglie, p. 307 à 315, etc.

mains! L'expérience nous apprend elle aussi que, là même où l'esclave est le plus laborieux, le goût du travail lui tient à l'âme lorsque la liberté vient le saisir?

Quoique M. de Rémusat reconnaisse, dans un rapport antérieur, qu'une longue éduction et une plus longue attente de la liberté, avaient plus sérieusement disposé le nègre Anglais (1) au régime de l'indépendance que ne le sont les noirs de nos colonies; quoique l'émancipation anglaise se soit revêtue de ce caractère de simultanéité dont on a formulé le désir, il résulte, de documents irrécusables, que l'Angleterre n'a fait de l'immense majorité de ses affranchis que des citoyens paresseux et vagabonds (2); ou qui ne s'adonnent, irrégulièrement, au travail que pour répondre, par le salaire (3), aux exigences des passions dont le règne signale la décadence des sociétés. — Commencerions-nous par la décadence?

Mais à part ce premier vice du projet, il faut se persuader que l'émancipation, malgré la réserve stipulée du travail, détruit dans l'esprit du nègre la force morale, cette force immense que la sujétion l'avait habitué, de naissance, à respecter dans son maître. Le nègre à qui vous dites : tu es émancipé, se croit libre; plus d'esclave plus de maître; sa logique ne va pas au-delà. L'émancipation détruit le titre du maître auquel des habitudes, qui n'étaient point sans douceur, l'avaient façonné. Et cependant le maître reste, ou plutôt il ne reste du maître qu'un homme dont les intérêts cessent d'être liés au bien-être ou à la conservation de la personne du noir; et qui, moyennant salaire au nouveau maître titulaire, le gouvernement, conserve la jouissance du bien principal qui lui appartenait dans le nègre, je veux dire de son temps, de son travail. Or, ce maître qui ne doit plus l'être et qui, l'étant toujours, cesse d'être son père, son ami, son protecteur, pour n'être plus rien que son maître, c'est le ravisseur de sa liberté, son tyran; voilà toute la pensée et l'unique pensée du nègre au cas où l'obligation de travail survit, sous une forme quel-

(1) Ce serait tromper le pays que de l'induire à croire à une similitude de préparation, sur l'illusion de laquelle *des faits funestes ne tarderaient pas à l'éclairer.* V. Am. de Mackau, min. de la Marine, ancien gouv. de la Martinique. Théorie et pratique, p. 7, An. 1843.

(2) Huc et C., p. 81, 82. Duclary, p. 24,

(3) Rap. de Broglie, p. 45 à 47, etc., 307 à 315.

conque, au nom de la servitude. Q'importe le soin de limiter avec précision le temps de la servitude? « L'autorité » du chef d'atelier devient pour le nègre une tyrannie tran-» sitoire (1) » dont son impatience frémissante attend le terme et s'efforce de le hâter. « Le maître, de son côté, se trouve sous le coup d'un commencement de spoliation définitive, sans aucune garantie pour l'indemnité et le maintien du travail. » Situation violente dont le moindre inconvénient est de créer des irritations et d'ajouter de nouveaux périls aux périls des événements fortuits dont ces époques critiques se montrent si fécondes.

Et puis, s'il arrive que votre projet ait fixé le jour définitif de la libération du nègre et que l'échéance de ce jour coïncide avec quelqu'une de ces catastrophes, de ces calamités sociales qui font, de cette libération même, un danger nouveau, votre morale politique se croira-t-elle engagée à l'exécution de la parole donnée? sinon, comment oser répondre aux plus justes réclamations d'une multitude redoutable, par le plus insultant déni de la justice, et grossir vos périls par une provocation qui en décèle la crainte? Entre l'imprudence extrême et l'injustice flagrante il s'agit d'opter. Les fausses positions ne nous laissent que le choix des fautes...

« Vous n'ôterez pas de l'esprit du nègre que tout ce qui se prépare, dans la prétendue réforme du régime colonial, n'a pour but que de l'affranchir de tout labeur. Le mot travailler s'est accolé dans sa pensée au nom de maître (2). » Et c'est au moment où vous effacez de son vocabulaire les deux mots de maître et d'esclave que vous consolidez, au nom de votre loi, de votre justice, de votre humanité, l'idée fondamentale dont ces deux mots sont le signe et l'expression! serait-ce donc pour vous un jeu d'enfant que cette nécessité (3), devant laquelle n'a pu d'abord reculer l'Angleterre, et à laquelle *elle cèdera de nouveau*, d'augmenter la rigueur des réglements et des moyens coercitifs? serait-ce un jeu, au moment même où il se rencontrera le moins de dispositions possible à les souffrir et chez les nègres, devenus enfin vos ennemis, et dans l'opinion de ce public à qui, souvent, il arrive de vouloir avant de savoir,

(1) J. Le Chevalier, p. 40.

(2) Duclary, p. 65.

(3) Huc et C., p. 63, Duclary, p. 76. Rap. de Broglie, p. 316.

mais dont la volonté bouillante s'irrite et se grossit en raison directe de ses préventions et des obstacles?

Voilà donc anéantie, d'un seul coup, cette affection réciproque des blancs et des noirs, dont les Européens, trompés par les plus ridicules déclamations, ne se feront jamais une juste idée sans en avoir contemplé de leurs yeux l'étendue et les bienfaits (1). Plus de sauvegarde, alors, pour les colons; le maître continuera-t-il de dormir portes ouvertes, au milieu de ses nègres armés de coutelas et vaguant de nuit au gré de leurs caprices ? Une fois la lutte engagée entre le droit nominal du noir et sa servitude réelle, lorsque la classe des mulâtres, implacable ennemie de la classe des blancs, viendra se jeter entre le nègre et le créole pour les désunir, que faire? Que dire au noir stimulé à rompre le dernier de ses liens, par ces mulâtres, affranchis politiques qui végètent dans une médiocrité humiliante pour leur orgueil tant qu'il ne leur est donné de découvrir audessous d'eux que des esclaves; mais qui s'élèvent au rang d'aristocratie, du jour où l'esclavage détruit répand les flots d'un peuple ignare et indépendant au-dessous de leur niveau? Egaux aux blancs des colonies par le droit et supérieurs par le nombre, résisteront-ils à la séduction d'expulser, par le bras du noir, ou du moins de dominer les blancs, vaincus d'avance par les chances d'envahissement du régime électoral? Heureux encore les planteurs si l'imprévu ne brusque point le coup; si les mulâtres s'abstiennent de précipiter leur triomphe par l'emploi de la force et de cette influence sur le nègre que leur donnent les instincts d'une origine et d'un sort à peu près communs (2).

Le troisième système est celui de l'apprentissage anglais que l'expérience a tué. Les auteurs du projet cherchent à y injecter un souffle de vie. Remplacer un vice par un vice différent, voilà tout ce que leur permet l'idée mère de ce plan. Nous l'examinerons à loisir. Commençons par indiquer les traits principaux de la comparaison.

Dans le système français l'esclave cesse d'appartenir au maître pendant la durée de l'apprentissage; l'État le substitue aux droits du maître, mais en laissant à celui-ci

(1) D'après M. Schoelcher lui-même, le détracteur le plus passionné du régime colonial, (p. 190, 191. Revue des Deux-Mondes, *ut suprà*,) et je crois, (selon le Globe,) du mariage et de la divinité.

(2) Voir ci-après le chap. Mulâtres.

l'exercice de l'autorité disciplinaire. Il n'y a guère, durant cette époque de transition, que les mots et les droits de changés; les faits restent ce qu'ils sont. Le noir qui se dit affranchi demeure esclave.

Le système anglais, au contraire, laissant théoriquement, le maître dans la possession de ses droits, les lui ravit en effet, en transmettant à l'état l'autorité disciplinaire; les deux projets, en somme, tiennent *l'affranchi* sous la loi rigoureuse *du travail forcé*.

Voyons, maintenant, la Grande-Bretagne à l'œuvre. « La loi anglaise déclara qu'à partir du 1er aout 1834 la servitude serait abolie dans toutes les colonies anglaises ; l'esclave échappait, *alors*, pour *toujours* à l'arbitraire du maître pour n'être plus soumis qu'à l'action de la loi. Cependant le législateur ne lui accordait pas, *immédiatement*, tous les droits de l'homme libre. » (1).

L'adverbe *alors*, ne signifie point, comme on le voit, ce qu'il paraît signifier ; et si l'esclave échappe à l'arbitraire du maître, c'est pour tomber, avec le maître lui même, sous la surveillance et la juridiction d'un autre maître, fort malencontreusement choisi, et revêtu des pouvoirs de la loi; soit, en bon et vulgaire français, pour se trouver soumis à l'action de deux maîtres rivaux, au lieu de ne dépendre, comme avant, que d'un seul. (2)

L'apprenti prédial, c'est désormais le nom du noir, forcément attaché à la culture, « l'apprenti prédial conservait de l'esclavage l'obligation de servir *sans salaire*, (3) pour le compte *d'un maître* qu'il ne pouvait quitter à volonté. » Si maintenant on me demande quelle bribe de liberté l'esclave gagnait à ce compte, je me vois contraint de renvoyer les questionneurs, munis de l'aveu de mon ignorance, aux auteurs du système. Ou bien voilà peut-être, l'explication, et cela était trop subtil pour le trouver du premier coup :

L'homme cessait de gémir sous le *titre dégradant* d'esclave et acceptait, pour prix de *cette libération*, l'obligation de se soumettre aux travaux ordinaires de la servitude. (4)

(1) Rap. de Tocq.

(2) Revue des Deux-Mondes, ut suprà, 215, 216. Rap. de Broglie, p. 82.

(3) Rap. Tocq., p. 29.

(4) Risum teneatis amici !

C'est de la sorte que « le 1er août 1834, 700,000 noirs *sortirent*, en même temps, de l'esclavage, sans qu'il en résultât aucune perturbation profonde ; jamais événement plus considérable ne s'était accompli avec un calme plus extraordinaire. » (1)

L'apprenti *sans salaire*, sert donc un maître qu'il ne *peut quitter*. *Le voilà libre.* Il ne s'en doute guère, mais patience, la liberté a ses voies tortueuses. « Le maître ne peut plus arbitrairement le forcer au travail. » (2) L'homme libre, donc, obligé, par la loi, de faire le métier d'esclave, c'est-à-dire un tout autre métier que le sien, se croise les bras en face de son ci-devant maître toujours créancier de travail, mais privé du droit de l'y contraindre. Entre le maître, qui ne l'est plus, et l'affranchi qui reste esclave, s'interpose alors un magistrat fourni à deniers comptants par la métropole (*stipendiary magistrate*) et dont la juridiction s'étend sur une moyenne de 5 à 6,000 affranchis. (3) Or cette alternative se présente à la raison : à chaque plainte du maître, un tout petit procès, un petit plaidoyer ou débat ; car l'idée de justice rendue, entraîne l'idée d'enquête et de discussion ; et cela est singulièrement avantageux pour le colon, puisque le temps qui s'y consomme c'est la valeur de son nègre ! Grand divertissement pour les nègres à qui la loi concède le plus merveilleux, le plus enviable des priviléges, celui de convertir la chicane en repos ! — Ou bien, s'il n'existe ni procès, ni enquête, s'il arrive que le maître obtienne crédit sur sa parole, si sa parole équivaut à la sentence, pourquoi, dès-lors, n'est-elle pas la sentence elle-même ? Quelle vétilleuse différence entre ces deux modes de jugement ? A quoi bon le juge ? Que de puérilités dans ces distinctions ? Que de contradictions dans ces mesures, et combien cela étonne peu les familiers de l'Angleterre, ceux qui la connaissent pour la région du monde où la logique chôme le plus grassement ; pour le pays où afin qu'une inconséquence, qu'une injustice obtienne force de loi, il suffit de prouver que cette inconséquence, cette injustice s'est modelée sur une autre, antérieure en date, et revêtue du titre auguste de précédent ! Le bon pays où les précédents prennent le haut du pavé

(1) Rap. Tocq., p. 32.
(2) Rap. Tocq., p. 29.
(3) V. Revue des Deux-Mondes et le rap. de Broglie.

sur les principes, que l'on ne sait y invoquer qu'en désespoir de cause, comme les blasphémateurs d'un navire qui sombre invoquent les saints et la madone.

Etudions ce singulier magistrat. Le moment où son pied novice touche le sol des colonies est un de ces moments de crises sociales où la justice cédant à l'activité du rôle politique que la mère-patrie lui impose, jette ses balances et son bandeau pour prendre parti. Et dès-lors, s'il est l'homme du maître, c'est le maître lui même; si ce n'est, toutefois, du côté des entrailles; car les nègres qu'il régente, il ne les a point vus naître; il ne les a point élevés, soignés, protégés, nourris; nulle affection, *nul intérêt*, ne lui commandent d'être leur père; et, le colon, c'était leur père. (1)

Au contraire se montre-t-il partial envers le noir? Le voilà devenu l'homme de la désorganisation du travail qu'il a mission d'organiser; l'homme légal de la révolte!

Il ne nous reste plus qu'à lire l'histoire dont la prophétie se trouvait gazée sous le texte même de la loi. Elle se résume en ces mots: *la guerre partout*. En effet, « dans la plupart des colonies, la discorde et la défiance ne tardèrent pas à s'introduire entre les anciens maîtres et les nouveaux affranchis; » (2) et les nouveaux magistrats, ici suspects aux noirs, (3) là-bas investis de leur confiance, « furent souvent en butte au mépris et à l'animadversion des colons, à ce (4) point que, plusieurs fois, les cours coloniales infligèrent à ceux-ci des amendes que le trésor de la métropole acquitta. » En un mot, et le témoignage est de M. Cochut, « l'intervention capricieuse de ces juges improvisés, étrangers à la justice civile et aux habitudes coloniales, contribua surtout à entretenir la guerre entre les deux races.

C'est-à-dire, en résumé, que le *maître*, *sans pouvoir*, *d'esclaves libres*, placés sous la protection d'un magistrat improvisé et très-humble serviteur des volontés de la métropole, ce maître ne pouvait plus être qu'un créancier de théâtre dont les débiteurs persiflent l'impuissance. S'éton-

(1) M. de Pradt, colonies, tome 1er, 313. Duclary, 49 à 51. M. Cochut, 190, 191. Revue des Deux-Mondes.

(2) Rap. Tocq., p. 37.

(3) Consultez le rap. de Broglie, p. 82.

(4) Rap. Toc., p. 37.

nera-t-on si tant de planteurs, si cruellement traités, ont sollicité comme une faveur la libération de leurs débiteurs? — On le voit donc une fois de plus, pour introduire une révolution dans les idées il suffit d'une révolution dans le langage; et ,détourner les mots de leur sens, c'est bouleverser les notions humaines. Les révolutions n'atteignent jamais les sociétés avant d'avoir traversé les dictionnaires. Si stupide qu'on veuille supposer le nègre, il ne peut violer, contre ses intérêts, la loi du bon sens, avec cette intrépidité d'un Anglais habitué, d'enfance, (1), à voir le juste ou l'injuste dans des précédents sans autre raison que des nécessités de circonstance, ou les volontés ambulatoires d'un parlement.

Parmi les propositions du rapport de M. le duc de Broglie qui me paraissent erronées, il en est peu, nous le verrons dans les deux projets de la commission dont il est l'organe, auxquelles ne s'appliquent les réfutations ou les objections que je me permets de diriger contre diverses idées contenues dans l'ensemble des travaux antérieurs. Ajoutons que nombre d'erreurs, soutenues dans ces systèmes, tombent devant les pages du noble duc; et que ses conclusions principales me semblent également anéanties par *l'intelligence* des documents dont son récit abonde.

Laissons maintenant la plume courir et poursuivre sans les aborder par ordre de dates ou de rapports les idées inexactes et dangereuses sur lesquelles pivotent ces différents systèmes.

Le premier point, lorsqu'il s'agit d'arriver à la réalisation des résultats que se proposent les auteurs des systèmes, «c'est d'éclairer la religion du nègre, de régulariser ses mœurs, d'étendre, de fortifier son intelligence;» on se complaît dans cet aveu, mais les lèvres qui l'ont formulé le retirent: « si toutes ces préparations ne peuvent se faire dans l'esclavage, exiger qu'elles (2) aient été faites avant que la servitude finisse, c'est déclarer qu'elle ne doit jamais finir. »

Eh! Messieurs! Cette dette de l'humanité était en voie de se liquider au sein de l'esclavage, lorsque les révolutions sont venues, à dater de la formidable époque de 1793, interrompre le cours de cette œuvre de justice. (3) Et d'ail-

(1) Loin de moi la sotte idée d'accuser d'inintelligence la trop habile nation dont j'examine l'œuvre.

(2) Rap. Toc., p. 3.

(3) Rap. Rémusat, Moniteur, p. 1749, col. 3.

leurs une série de faits notoires s'alignent contre votre assertion pour la combattre sous les auspices de la raison. Former l'homme dont le temps et les oreilles vous appartiennent, l'homme qui n'a d'autre peine à s'imposer, pour écouter vos leçons, que la peine du repos, n'est-ce point une tâche autrement facile que celle de refondre cet autre homme fort perfectible, il est vrai, mais qui, gangrené par les habitudes de l'ignorance et de la paresse, dépend, en dépendant de lui-même, du plus impitoyable des maîtres ; qui se rit de paroles auxquelles son intelligence n'attache encore aucun sens ; et qui, pour écouter une morale dure et pénible à l'esprit et au cœur, doit sacrifier, tantôt les loisirs si chers de sa fainéantise; tantôt, si vous le préférez, les heures d'un travail lucratif?

Eh quoi ! « vouloir donner à un esclave les opinions, les habitudes et les mœurs d'un homme libre c'est le condamner à rester toujours esclave. » (1) Mais, par la même raison, vouloir habituer un enfant aux opinions et aux mœurs d'un homme, ou le forcer à recevoir une éducation forte et convenable, c'est vouloir qu'il reste toujours enfant?

« En Angleterre, reprenez-vous, quelques hommes d'Etat, éminents, ont avancé qu'un travail forcé, quel qu'il fût, ne préparait pas l'homme à un travail volontaire, et qu'on ne pouvait apprendre que dans la liberté à être libre (2) ». Et que vous importe, à vous Français, *cette sentence*, aussi fausse au jour des principes qu'à la lumière de l'expérience, et démentie par les exemples mêmes de ces hommes que, dans les circonstances actuelles, nous ne trouvons éminents que par la grandeur de leurs sophismes? Car, sans doute, ils n'affranchiraient pas des pénibles entraves de l'éducation leurs propres enfants pour leur apprendre, par la jouissance plénière de la liberté, ces sciences contraires aux passions de l'homme qui lui enseignent à vivre avec les notions et les vertus de l'homme vraiment libre.

Nos paroles les voici, et nous les surprenons dans la bouche d'un noble pair :

« Jamais éducation n'a été donnée aux blancs ou aux

(1) Rap. Tocq., p. 3. — Réf. dans le rap. de Broglie, p. 151, 152, 214, 220.

(2) Rap. Tocq, p. 47.

noirs, aux enfants ou aux adultes, sans un certain degré de coaction (1) ».

Le sauvage, l'esclave, on l'a dit avec raison, c'est un enfant robuste, et les notions communes veulent que l'éducation, trop faible pour lutter contre toute la brutalité de l'ignorance indépendante, se saisisse de la raison et s'empare de l'esprit, grâce à la dépendance où elle tient le corps.

C'est pourquoi, lorsque cette apostrophe descend jusqu'à nous : « Et parce que nous l'avons rendu indigne de la liberté, pouvons-nous lui refuser éternellement, à lui et à ses descendants, le droit d'en jouir ? » Notre réponse est nette : si vous le déclarez indigne de la liberté, quel que soit l'auteur de cette indignité, la lui donner serait une indignité plus grande encore, une injustice sociale effroyable par ses conséquences ; et comme nous voulons qu'il possède cette liberté pour en jouir et non pour l'outrager, nous demandons au nom des intérêts communs, au nom de la justice, que jamais il ne plaise au pouvoir de la concéder à un indigne.

Il est vraiment impossible de concevoir la liberté sans la science des devoirs ; les scélérats la méconnaissent cette science, les insensés la perdent, on les enferme ; ce n'était pas une ironie ce nom de la liberté gravé sur les prisons de la république génoise !

La commission de 1843 veut que l'éducation religieuse précède la liberté ; mais tandis qu'il ne s'agit encore que d'organiser les moyens de cette éducation, déjà elle lui impose une limite dans le temps ; comme s'il pouvait être donné de préciser les résultats d'un moyen avant d'avoir appris par des expériences locales la nature et l'intensité des forces qui le combattront lorsqu'il sera !

Entraînée par surprise, dupe d'une admiration irréfléchie pour les actes de l'Angleterre, actes aussi utiles à sa politique que funestes à la nôtre, la commission française de 1839, s'écartant du sens des mots, adopte l'invention d'un état intermédiaire entre la liberté et l'esclavage. Tant que l'esclavage n'est pas aboli, dit-elle, le gouvernement doit trouver mille difficultés à arriver jusqu'au noir et à le préparer à la liberté. Elle veut donc le préparer à devenir libre lorsque, ne l'étant pas encore, il n'est plus esclave.

(1) Rap. de Broglie, p. 200, id. 151, 152, 214. 215.

— Qu'est-il alors? l'être qui dispose de sa personne et de ses actes, voilà son maître ; est-ce lui-même? Non. — C'est le Gouvernement, et le Gouvernement laisse, comme au temps de l'esclavage, sous la discipline d'un maître qui lui impose, *à son profit*, un travail forcé, ce métis de la liberté et de la servitude travesti sous le nom d'affranchi! Quel cahos d'idées! Mais la confusion pour exister dans la bouche qui professe n'ôte rien, ailleurs, à la clarté des choses.

Lorsque le nègre a goûté l'indépendance complète, le pouvoir social n'a presque plus de prise sur sa volonté. C'est là tout ce que nous soutenons. Pourquoi donc ajouter : « Durant le temps où la liberté, déjà promise, n'est pas entièrement donnée, l'action du pouvoir est facile et efficace; le colon n'écarte plus la main du Gouvernement. » Car, en vous accordant, ce que nous devons nier comme généralité, qu'il écarte cette main, qu'importe si c'est à défaut de son bras, le bras du nègre qui la repousse? Cette aurore de la liberté, cet avant-goût de l'indépendance enivre son âme et la remplit. Anticipant sur la liberté qui se rend à ses poursuites, que sa main palpe et saisit déjà, le nègre nominalement affranchi, ne connaît plus de maître, que ce prétendu maître se nomme Gouvernement ou colon. La liberté devenue son droit (1) cesse d'être une récompense et l'on ne s'étudie pas à mériter un droit. Irrévocablement condamnée pour une époque irrévocable, l'autorité, qui va cesser d'être, n'est déjà plus pour lui. Un pouvoir si étroitement limité que le lendemain en est la borne, n'est plus un pouvoir. La nature nous a tous construits de la sorte. Tout souffle, autour de sa tête et de son cœur, cet irrésistible esprit de paresse et d'indiscipline qui, dans nos établissements d'éducation, au moment où vont cesser les cours d'études s'empare, avec redoublement, des élèves dont l'amour-propre renonce aux lauriers scholastiques, ou n'a plus à craindre de les perdre.

Quoi qu'il en soit, le système anglais, tout pétri d'inconséquences, n'a pu se soutenir quatre années durant. L'Angleterre a échoué parce que, soit calcul soit présomption, elle s'est opiniâtrée à agir contre la nature des choses. Cependant le concours des colons anglais n'a point fait défaut à l'œuvre du parlement britannique qui se l'était assuré, d'ailleurs, par l'article 44 du bill d'émancipation,

(1) A courte et fixe échéance.

statuant que l'indemnité ne serait payée à une colonie que tout autant que les clauses en auraient été acceptées (1), que les mesures d'exécution en auraient été votées par la législature locale. La Jamaïque a même accueilli ce bill avec faveur. Il est notoire que Démérary et la Trinidad n'étaient point opposées à l'émancipation. Les petites colonies, telles que la Barbade et Antigoa, commençaient à être embarrassées de l'exubérance de leur population. Le prix du sucre, toujours décroissant, leur rendait trop lourdes les charges de l'esclavage. *Une fois la nécessité constatée*, le concours des colons anglais a donc été complètement acquis au système de l'apprentissage(2). Cela ne saurait être l'objet d'un doute. Sinon quelles paroles de blâme trouver en présence de ce fait si digne de remarque : c'est que la désorganisation a été plus prompte, les résultats du bill plus désastreux, précisément dans les colonies de la couronne, où le gouvernement avait toute latitude pour procéder arbitrairement aux améliorations et aux mesures de préparation qu'il a crues nécessaires(3). Nul moyen de coercition, d'ailleurs, n'a manqué aux colons lorsque l'Angleterre s'est effrayée de la rapidité de son œuvre désorganisatrice. La rigidité des règlements spéciaux sur l'apprentissage, les châtiments corporels, augmentés du *tread-mill* (4) et du supplice affreux de la prison solitaire qui dompte la volonté la plus tenace... enfin le luxe infernal de la pénalité anglaise (5), tout fut vainement prodigué. Le système de l'apprentissage devait s'écrouler. Un seul auxiliaire lui vint en aide dans quelques îles : la famine! famine factice, et réglée par ordonnances, afin que le nègre, privé de vivres, dans les localités où la volonté des gouverneurs avait commandé de détruire toutes les plantes alimentaires, se vît forcé, par la faim, de ne point refuser ses bras au travail. Mais dans la plupart des colonies, l'exubérance, l'étendue du sol et la beauté du climat prodiguent les ressources de la nourriture et de la vie. Comment organiser le travail en de pareilles régions « lorsqu'il est évident que presque toujours le colon veut faire travailler le nègre à trop bas prix

(1) Rap. Huc et C., p. 66, 67.
(2) Rap. Toc., p. 31.
(3) Rap. Huc et C., p. 79.
(4) Duclary, p. 76.
(5) V. MM. de Tocqueville et de Beaumont, système pénitentiaire aux États-Unis.

et que celui-ci demande un prix trop haut ; » et où « comme ces deux hommes ne sont pas seulement opposés d'intérêt (1); » mais, par suite de leur position nouvelle *seront* « secrètement ennemis, il est presque impossible qu'ils arrivent jamais à bien s'entendre. » Des *maximum* et des *minimum* de salaires légalement fixés ne produiraient que des *maximum* et des *minimum* de désertions ; nous en verrons la cause.

Les colonies, toutes sans exception, étaient le pays du monde offrant au plus haut degré, quoique sans le moindre jeu de police, les douceurs de la sécurité individuelle. Depuis les innovations de l'apprentissage, les Anglais se sont vus contraints d'établir une police aussi forte que coûteuse. Mais la diminution, la décadence du travail, fut autrement grande encore, dans ses progrès, que l'augmentation des délits et des crimes. Et le libéral lord Russel a pu dire que la ruine complète des propriétaires ou des colonies, était la conséquence du bill d'émancipation. De là la singulière et facile énigme de ces paroles : « La *nouvelle* prospérité (2) de nos colonies ne ressemble pas à ce qu'on a entendu jusqu'ici par ce mot », et pour s'en convaincre, il ne s'agit que de jeter les yeux sur quelques pages du rapport où se lit cette phrase (3) :

Les auteurs des systèmes français s'efforcent d'échapper aux désastreux résultats de l'apprentissage anglais par quelques modifications que l'on peut réduire à trois principales. Ils retirent l'esclave des mains du maître pour le placer sous la puissance de la loi ; différence capitale et ci-dessus indiquée. Ils abolissent formellement l'esclavage pour le conserver, sous la dénomination d'obligation légale du travail, pendant un temps plus ou moins long ; tandis que le bill anglais a maintenu implicitement l'esclavage pendant six ans, pour l'abolir partiellement en 1838 et définitivement en 1840.

Ils font de l'indemnité à payer au maître une avance remboursable, au lieu d'en tirer les fonds des caisses de l'Etat, sans condition de remboursement ; c'est-à-dire que leur système (distinct de celui de M. le duc de Broglie, que

(1) Rap. Tocq., p. 45.

(2) Rap. de Broglie, p. 291.

(3) Rap. de Broglie, p. 286 à 315, etc.

je réfuterai au chapitre de l'indemnité) immolant la justice, sans dégager la liberté, réduit l'indemnité à une mesure toute dérisoire. Tout mort qu'il est ce système revit par lambeaux dans d'autres projets, son étude est encore celle de la question.

Ils retirent l'esclave des mains du maître. « La commission, nous apprend l'honorable rapporteur (1), a pensé qu'il serait infiniment plus conforme à l'intérêt des nègres aussi bien qu'à celui des colons, de détruire, *d'un seul coup*, tous les anciens rapports qui existaient entre le maître et l'esclave, et de transporter à l'Etat la tutelle de la population affranchie. »

Ne nous attachons pas à faire observer combien il est étrange que les colons, hommes fort éclairés, élevés au sein de nos sciences, au cœur de notre capitale, et « où ils reçoivent l'éducation la plus distinguée (2) » ; que les colons, nourris dans la connaissance intime de leurs intérêts, les comprennent toujours si mal ou si peu, tandis que les membres de toutes les commissions passées et futures les possèdent, les possèderont si merveilleusement, en dépit des mille causes qui se combinent nécessairement lorsque la vérité habite un lointain si considérable, pour la rendre douteuse ou insaisissable (3).

L'intérêt aveugle les colons. Mais aussi, trop engagés par l'orgueil, trop intéressés par la soif de popularité, leurs antagonistes ne le sont point assez par la bourse : voilà ce qui se dit et ce qui se répond à ce sujet. Ecartons ces paroles irritantes.

Ne perdons point non plus notre temps à exprimer toutes les causes d'effroi que nous découvrons dans ce goût des commissions pour les remèdes héroïques ; pour ces résolutions qui, d'un seul coup, abattent une question et de ces questions dont la haute importance modère, par les plus longs retards, les hommes d'Etat les plus consommés. C'est qu'en effet la fortune et la vie de leurs semblables, au nombre de quelques centaines de mille ; c'est qu'aussi la fortune et la puissance de la France dépendent, en partie, de la solution qu'elles obtiennent.

(1) Rap. Tocq., p. 52.
(2) Revue des Deux-Mondes, id. 190.
(3) Pour M. le duc de Broglie, les conseils coloniaux, si cruellement attaqués au sujet des intérêts des colons, ne sont guère que des « foyers d'opposition turbulente. » Rap. de Broglie, p. 128, etc.

Sans donc trop accueillir ce vieux reproche : qu'on ne se rendrait guère coupable de pareilles témérités dans le maniement de ses propres affaires, sans redire tous ces sujets d'étonnement qui, dans nos méditations, se succèdent sans s'épuiser; bornons-nous à constater un fait, c'est que la rupture des rapports de maître à esclave, c'est la rupture des liens actuels de l'esclavage; et que la tutelle du noir affranchi, transportée à l'Etat, ce n'est, pour le nègre, que la chute d'un esclavage mitigé dans un esclavage plus dur qui frappe à la fois l'esprit et le corps.

La justice demande l'exposition de vos principaux arguments. « Des gênes inévitables, dites-vous, accompagnent le passage de l'esclavage à la liberté. Il faut éviter, autant que possible, qu'elles soient ou qu'elles paraissent imposées au nouvel affranchi par son ancien maître (1). »

Ces gênes ne deviennent inévitables que par l'emploi des moyens héroïques, et par la raison que ces moyens opèrent sans l'aide du temps qui ne respecte que ses œuvres. Observons, d'ailleurs, que ces gênes inévitables, dans un état de transition de l'esclavage à la liberté, participent de la nature et des progrès de l'un et de l'autre état; elles sont, par conséquent, moins dures en se rapprochant de la liberté qu'au point de départ de l'esclavage. Eh bien! si ces gênes *qui sont un amoindrissement* des entraves de l'esclavage, proviennent du maître, si elles s'adoucissent, naturellement, à mesure qu'elles se rapprochent du terme de la servitude, est-ce par un sentiment de colère que l'esclave en récompensera son maître?

Poursuivons : l'Etat devenant ainsi le tuteur des anciens esclaves, se trouve en pleine liberté de prendre les moyens propres à répandre l'instruction dans cette classe, à y régler les mœurs, à y favoriser efficacement le mariage (2). Ces mesures, émanant de l'Etat et non de l'ancien maître, ne feraient pas naître entre ces deux races ces sentiments de défiance et de haine dont on a vu les funestes effets dans les colonies britanniques.

Comment donc! Est-ce que, dans tous les cas imaginables et, plus que jamais, dans les circonstances actuelles, ces mesures ne peuvent pas, ne doivent pas émaner de l'État? Est-ce que, toujours et partout, le premier devoir

(1) Rap. Tocq., p. 52.

(2) Rap. Tocq., p. 52, 53.

de l'État n'est pas de régler les mœurs et, par conséquent, de favoriser efficacement le mariage par l'instruction ? L'esclavage se trouverait-il donc incompatible avec le mariage ? Mais M. de Cools, l'un des délégués dont votre rapport a consigné les paroles vous rappelle qu'il y a plus de mariages contractés dans la population esclave que parmi les nouveaux libres (1). « Et les planteurs, vous dit M. de Rémusat lui-même, dans son rapport, se prêteraient aisément à toutes les mesures, même à toutes les dispositions réglementaires destinées à favoriser la religion, pourvu qu'on eût soin d'y associer les conseils coloniaux (2). »

Est-ce que cette instruction, jugée déjà au double point de vue de l'expérience et de la théorie, non moins dans nos colonies que dans celles de l'Anglais ; est-ce que cette instruction, dont le but est de moraliser, différerait de l'iustruction religieuse ? Il est à peine un réformateur, de quelque école politique ou économique qu'il se réclame, qui ait omis de la signaler comme le plus énergique levier d'une émancipation morale. Cette instruction ne dépend-elle point du nombre et de la qualité des ministres de la religion, nombre qu'il appartient à l'État de fixer, qualité sur laquelle il peut et doit exercer une haute influence par les yeux du haut clergé, de l'épiscopat ; disons-le même, avec le laconisme d'une excessive réserve : une influence tout autre que celle qu'il exerce ! Et cette instruction n'exige-t-elle point, pour première et essentielle condition, le calme de l'ordre que la plupart des systèmes détruisent ? Qui vous porte donc à craindre (3) que ces mesures préparatoires, mesures de paternité et de douceur, renversent, si elles émanent du maître doucement soutenu et stimulé, les sentiments qui subsistent aujourd'hui entre le planteur et le noir, pour y substituer la défiance et la haine ? le propre de la douceur ce n'est point d'irriter.

Les funestes effets qui se sont manifestés dans les colonies britanniques y accusent une tout autre cause. C'est que le gouvernement, par le rôle qu'il s'est donné y a créé deux maîtres au lieu d'un seul ; c'est qu'entre ces deux maîtres rivaux l'esclave s'est trouvé livré à de continuels tiraille-

(1) Rap. Tocq., p. 67. Déleg.

(2) Rap. Rémusat, Mon., p. 1749, col. 3.

(3) Rap. Tocq., p. 5?, 53.

ments. C'est qu'après un état où l'équité, contraire à l'esclavage, se voyait aux prises avec la justice qui le sanctionne, le gouvernement a mis la justice aux prises avec elle-même, en détruisant, par les lois, la propriété que les lois avaient fondée ; en violant, à l'aide de sophismes, ces grands principes d'indemnité ; grâce auxquels l'État conserve le droit de changer entre les mains du maître la forme de la propriété, mais à la condition de *n'en jamais altérer la valeur* (1).

Cependant, malgré l'insuffisance de cette indemnité, l'élévation du chiffre ne vous a permis d'accuser que la générosité de l'Angleterre ! « Le parlement Britannique a voulu que le montant intégral de l'indemnité fût versé entre les mains des planteurs le jour où les colonies auraient acquiescé au principe de l'émancipation, et avant que l'émancipation ne fût accomplie. » Agissant de la sorte « la métropole s'est ôtée un puissant moyen de *tenir les colons dans sa dépendance* (2). »

Et, selon vous, voilà le mal ! Il faudrait n'accorder aux colons cette portion *si dérisoirement incomplète d'indemnité*, qui, en prenant dans votre bouche le nom de libéralité, devient une aumône, qu'autant que, de cet argent, on forgerait un frein, un instrument infaillible, pour consommer, par leurs mains, cette spoliation contre laquelle ils se raidissent, comme se sont raidis et se raidiront encore les colonies anglaises. En effet, dites-vous, une lutte sourde, qui n'est pas encore terminée, règne entre les colonies et la métropole Anglaise; et cette lutte n'existe point contre l'organisation du travail à laquelle vous avez reconnu que les colons (3) anglais se sont prêtés de la meilleure grâce du monde, avec empressement, avec joie, selon vos expressions, mais elle existe contre un système *qui les dévore* (4). Car enfin, il serait par trop ridicule d'admettre qu'elles luttent pour empêcher la métropole de les rendre heureuses. — Eh bien ! ce n'est pas tout, cette aumône que la commission prétend détailler, elle ne l'accorde qu'à titre

(1) Lisez ! M. Burnley confirme que l'indemnité allouée aux colons anglais n'a représenté que la moitié de la valeur du noir, et que le quart de la valeur des propriétés. Renseignements fournis par le V. Am. de Mackau, ministre de la marine, ancien gouverneur de la Martinique. Théorie et pratique, p. 9.

(2) Rap. Tocq., p. 46.

(3) Rap. Tocq., p. 47. Que d'arguments renversés par ces paroles de la commission ! id. p. 48.

(4) Voir le rapport de Broglie, p. 291 à 293, etc.

onéreux ; ce sera le moyen d'un salaire obligatoire, payé désormais par le maître à son ancien esclave. Ce *salaire est une juste indemnité des sacrifices de l'État* (1). Donc, le colon quoique lésé, par l'excessive insuffisance de l'indemnité, indemnisera l'État de l'avoir indemnisé. Je ne sais si je rêve. Comment ? l'État m'enlève brusquement le nègre, l'âme de ma propriété, frappée de mort par son absence ; le nègre que l'un des coryphées du libéralisme appelle, écoutez-le bien : l'être nécessaire des colonies (2) ! les sacrifices de l'État, liardés par à-compte, consisteront à ne pas rendre immédiatement complète, une spoliation assez évidente à ses propres yeux pour l'empêcher d'accepter le sort qu'il m'impose, et pour prix de ce sacrifice, l'État exige un juste salaire (3) ? Ce qu'une avare et incomplète justice, ce que la justice de la force, et non celle de la raison, fait entrer dans mon portefeuille sous le nom d'indemnité doit en sortir aussitôt sous le nom de salaire ; et l'argent destiné à ce salaire ne suffit qu'à payer, pendant un temps, fort court, le travail des bras dont la loi a fait à tout jamais ma propriété. O Messieurs, rappelez-vous donc qui vous êtes, car j'en veux appeler de vous à vous-même !

Quelque clochante que toute comparaison soit de sa nature, veuillez accueillir celle qui se présente. On nous permettra, pour un instant, de ne considérer le noir que du côté du corps. Le noir, c'est donc l'instrument capital de l'exploitation, ce que le cheval est à vos charrues. Eh bien ! Messieurs, quelle pensée vous viendrait à l'âme, s'il prenait fantaisie au gouvernement d'enlever les chevaux de vos exploitations rurales et de vous dire : Tenez, la culture devient impossible sans vos chevaux, je le sais, mais je suis juste, libéral, ouvrez les mains bien grandes : Voici les deux tiers de leur prix. (Et le prix n'est pas la valeur Messieurs.) De cet argent il vous sera très-agréable de me payer un salaire quotidien ; moyennant quoi, les chevaux continueront de vous servir, mais sous l'empire de ma direction ; l'acquisition, l'hébergement, la nourriture, les soins, « c'était un salaire sous une autre forme (4) ; » il n'y a

(1) Rap. Tocq., p. 53.
(2) L'ab. de Pradt, des colonies, tome 1er, p. 259.
(3) L'état dirait aux colons sacrifiés pour les tirer d'embarras :

Allez, vous êtes une ingrate,
Ne tombez jamais sous ma patte.

(4) Rap. Tocq., p. 19.

donc de changé que le nom! Au bout de quelque temps l'État vous adressant ses adieux vous dit, du ton d'un modeste bienfaiteur : Nous voici quittes, j'espère, et d'ailleurs vos chevaux ne sont point abattus ; après les avoir pliés aux habitudes d'un travail doux et réglé je les lâche dans de fertiles pâtures où je me porte garant de leur liberté ; mais je vous autorise à tirer d'eux le service auquel je les ai habitués, pourvu que préférant le grain de l'écurie à l'abri des arbres et à l'herbe fleurie de vos prés sans hiver, ils viennent d'eux-mêmes tendre le cou au collier de la charrue.

Les chevaux ne raisonnent point et le nègre raisonne ! Oui, mais le nègre sans éducation, le nègre insuffisamment préparé, tel que vous l'accusez d'être, raisonne comme l'enfant. Et dans ces contrées où l'atmosphère est le vêtement de l'homme; une racine, un fruit spontané sa nourriture, le peu qu'il raisonne, et d'après son immuable principe ; *Travail pas bon*, ce peu doit combler le désespoir du maître à qui le bon sens et l'expérience permettent aussi de raisonner (1).

Encore un coup, si l'État loue, moyennant salaire, le travail forcé du noir qu'il s'adjuge au gré de sa convenance, le noir a cessé d'être l'esclave du colon, pour devenir l'esclave de l'État. Et si le travail forcé, c'est-à-dire le travail de l'esclave, nommé dérisoirement affranchi, *laissé à sa propre charge* et colloqué entre deux intérêts, deux surveillances et deux maîtres, s'achète à deniers comptants, qu'y peut gagner le noir ? Une violente irritation s'emparera de son âme pour éclater, soit par la révolte d'abord, soit, un peu plus tard, au sein de la liberté.

Et, si l'État manquait à livrer le travail après l'avoir formellement garanti, c'est-à-dire, après s'être engagé à l'impossible, il tromperait le colon par ses assurances, il le dépouillerait et lui donnerait pour *leçon de justice et d'humanité*, l'exemple de l'injustice et de l'inhumanité la plus criante. Injustice aussi funeste au noir, dont il délie les faibles liens, qu'un maître dont une sage prévoyance aidait au déliement de ses liens. Injustice fatale aux colonies, et par là, fatale à l'État. Comment donc, en face même de l'expérience qui le dément, oser écrire que l'organisation

(1) Voir les grands fonds, à la Guadeloupe. — Voir le rap. du duc de Broglie, p. 308 à 315, etc. ; 286, etc.

du travail, qui est le fruit des idées d'ordre et de civilisation, naît de la désorganisation (1) d'un état social complet, dont « aucune passion, aucune opinion indigène ne demande la transformation radicale » ; où la seule raison de bouleverser la situation des îles Américaines, « c'est l'opinion publique de l'Europe (2) » formée par des préventions d'une part, par l'ennemi de la France de l'autre!

Non, vous n'aurez détruit de la servitude que ses consolations et ses douceurs. Le travail forcé, voilà l'esclavage; appelez libre l'esclave tant qu'il vous plaira, ce qu'il y a de certain c'est que vos systèmes, après avoir ruiné la fortune et l'influence du maître, ne laissent au noir d'autre liberté que celle de croupir dans l'ignorance et dans le vice (3) que la misère talonne. Le maître, en concédant au noir le salaire de ce travail que l'Etat se charge témérairement d'imposer, le maître a cessé de lui devoir le logement, la nourriture, les médicaments, le médecin, la sage-femme, une nourrice pour ses enfants, un asyle pour sa vieillesse, et pendant le cours de son existence les soins et la sollicitude d'un père, toutes choses que les fruits du travail lui avaient rendu douces à prodiguer. Cependant, que cette humanité cesse de figurer au nombre de vos étonnements; car, lorsque M. de Tocqueville nous apprend que le maître espagnol est si bon (4), que son autorité ressemble à celle du père de famille; M. de Rémusat, dans un rapport antérieur, nous a donné une plus haute idée encore du maître français qui passe pour le meilleur des maîtres dans l'Archipel des Antilles.

Au lieu de l'abondance et de la variété de ces biens qui satisfont à tous les besoins, votre salaire résume tout! L'âme du père devient métal. Un maître *forcément* parcimonieux va tout payer en argent, lorsqu'il y aura lieu de payer, comme à l'ouvrier d'Europe si expérimenté, si indigent toutefois. Quelques pièces de monnaie au plus imprévoyant, au plus déréglé des hommes, voilà pour toutes les misères, pour les plus impérieuses nécessités du présent et

(1) Désorganisation, mot légitimé par la p. 21 du rap. Tocq.

(2) Rap. Rémusat. Monit., p. 1749, col. 3.

(3) Voir Rap. de Broglie, p. 313, 314.

(4) Rap. Tocq., p. 17. —Comtesse Mercedès de Merlin, Revue des Deux-Mondes. Rap. Rém. et Mon., p. 1749. — L'abbé de Pradt, p. 313 à 316, Colonies, tome 1er. —Duclary, p. 49. — M. Cochut, p. 190, 191.

de l'avenir. Et puis, si le salaire, *réglé par l'Etat*, reste inférieur au salaire exorbitant et ruineux des îles anglaises, les noirs y déserteront (1); sinon la ruine rapide des planteurs ne leur laissera d'autre parti que de fuir le sol des colonies. Il faut le répéter, affranchir le nègre, avant d'avoir pris le temps et la peine d'inculquer à cet enfant la *science* et *l'amour* de ses devoirs d'homme, c'est ne laisser, au nouvel affranchi, d'autre liberté que celle de la misère; partant, d'autres conseils que celui du crime *malè suada fames*.

Et toutes les certitudes dont la crainte nous force à rompre le silence, votre nature est trop généreuse pour ne point les partager. C'est elle qui vous arrache ce cri : « Mais il faut le reconnaître, le succès d'un si grand changement social est toujours accompagné d'incertitudes... le passage d'un état à l'autre ne se fera jamais sans péril (2). » Comment donc se décider à changer si brusquement une situation dont les vices offrent une guérison facile par les moyens religieux dont l'efficacité n'a jamais contrarié la douceur? et cela, pour une situation périlleuse, c'est-à-dire où il y aura tout à risquer d'abord et où les années, en se déroulant, amèneront de nouveaux périls. Comment? « lorsque l'on voit cette situation périlleuse arriver accompagnée d'un malaise inévitable, malaise causé déjà par l'émancipation dans les colonies anglaises (3), » où « les *millions* répandus par l'Angleterre n'ont produit d'autre résultat que la ruine de l'agriculture et la transformation de l'ancien esclavage en un état d'oisiveté et de vagabondage plus malheureux et plus *immoral* que la servitude (4). » Cette situation sera bien celle du désordre, et la chose la plus indispensable pour les sociétés, c'est l'ordre pourtant! Comment encore, lorsque l'on avance que la France ne veut pas détruire l'esclavage pour avoir la douleur de voir les blancs ruinés quitter le sol des colonies et les noirs retomber dans la barbarie! Est-ce assez de nous dire, en présence des souvenirs sanglants de Saint-Domingue : tout porte à croire que ces craintes sont entièrement imaginaires ou du moins fort exa-

(1) V. le Rap. de Broglie, p. 291 à 293, etc.

(2) Rap. Tocq., p. 21.

(3) Rap. Tocq., p. 21, 25.

(4) Comtesse Mercedès de Merlin, Revue des Deux-Mondes, p. 766, 1er juin 1841.

gérées. Mais exagérées, le fussent-elles, moins serait trop; et surtout, lorsque nous acceptons de votre bouche cette terrible leçon de l'histoire : « Jusqu'ici (1) partout où les blancs ont été les plus puissants ils ont tenu les nègres dans l'avilissement et dans l'esclavage ; partout où les nègres ont été les plus forts ils ont détruit les blancs ; c'est le seul compte qui se soit jamais ouvert entre les deux races. »

Les blancs se trouveraient donc placés entre la faim et l'abandon des colonies ou le couteau ; cruelle alternative que ne détruisent point des certitudes d'argumentation en présence des certitudes de l'histoire (2).

Et ces blancs, vous le savez, votre rapport l'accuse, n'ont aucune répugnance absolue contre l'émancipation (3). Il n'y a de répugnance que contre la destruction du travail et des gages de sécurité; car l'émancipation, soit partielle soit graduelle, conduirait par un chemin fort court, selon votre propre expression, à une émancipation complète, à laquelle cependant les colonies ne sont point préparées, de l'aveu même des abolitionnistes les plus ardents.

Enfin, voilà ce que la bouche d'un abolitionniste a seule le droit de vous dire : « Les modifications dans le régime colonial, résultant de l'abolition de la servitude seraient plus dangereuses qu'utiles en ce qu'elles fourniraient aux nègres des occasions plus fréquentes de troubler la paix de la colonie *sans rendre leur condition meilleure. S'il faut que ceux-ci travaillent*, quel que soit le mode qu'on adoptera, il importe à la métropole, à la colonie, aux nègres même que l'esclavage soit *rétabli*.

Ces paroles sortent-elles du fond d'une tombe? Quelles lèvres vivantes oseraient les prononcer? L'auteur se nomme cependant; et en le saluant vous saluez un frère, l'honorable M. Brougham (4).

Les innombrables projets » qui tendent à effectuer progressivement la liberté des noirs ont été pesés et refondus par le comité » auquel M. le duc de Broglie a prêté les séductions de son talent. « De ce travail est résulté une combinaison dont le *double ressort* est : rachat forcé par l'Etat

(1) La Démocratie aux États-Unis, Am. de M. de Tocqueville, p. 318. — Id. à peu près comtesse Mercedès de Merlin, Revue des Deux-Mondes, ut suprà.

(2) Consult. le rap. de Broglie, conséquence des p. 309, 315, 345, en abandonnant les arguments *ad terrorem*, mentionnés p. 287.

(3) Rap. Tocq., p. 59.

(4) From the inquiry into the colonial policy of the european power.

(5) Revue des Deux-Mondes, p. 210, ut suprà.

des enfants en bas-âge, des vieillards, des infirmes; rachat facultatif des travailleurs adultes, au moyen de leur propre pécule. En conséquence l'Etat achèterait les enfants au-dessous de sept ans et ceux qui naîtront à l'avenir de parents non libres. A l'expiration de la sixième année, le maître recevrait le prix du rachat évalué à 500 francs par tête d'enfants. De 7 à 21 ans le jeune affranchi serait reçu à titre d'engagé par le propriétaire de la mère. L'autorité interviendrait comme tutrice en faveur de l'enfant et veillerait à ce qu'il reçût une éducation religieuse et morale, soit à domicile, soit dans une école. En aucun cas il ne pourrait être séparé de sa mère. A 21 ans l'affranchi entrerait en possession des droits assurés au Français par le Code civil, et dès lors, son père et sa mère, s'il était né en légitime mariage, seraient affranchis par l'Etat moyennant une indemnité équitable. Ainsi serait évité le contraste immoral d'un fils libre et d'une mère esclave.

Les individus incapables de travail, en raison de leur âge ou de leurs infirmités, seraient déclarés affranchis, et resteraient confiés aux soins de leurs anciens maîtres, moyennant une pension alimentaire payée par l'Etat (qui les constituerait *chefs d'hôpital;* car il est à remarquer que tous ces systèmes n'engagent l'Etat à enlever aux colons que leurs bénéfices et leurs droits, sans presque jamais les dégréver en proportion de leurs pertes). Quant aux adultes valides, leur sort serait en général amélioré par une série de règlements. Leur pécule, que le maître respecte aujourd'hui par tolérance, deviendrait une propriété mise à l'abri par la loi. Toute personne, non libre, serait admise à racheter sa liberté à prix débattu et en requérant au besoin l'arbitrage des magistrats publics. Enfin la présente loi, après vingt ans d'exécution, recevrait son complément par une abolition complète de l'esclavage. Tel est le plan de *la minorité*, c'est-à-dire appuyé par cinq voix de la commission contre neuf. Sa timidité est son principal mérite. Il offre en outre un avantage qui est de nature à faire impression sur les chambres : celui de l'économie, puisque le sacrifice imposé à l'Etat ne dépasserait pas quatre-vingts millions répartis sur plus de vingt années. Mais les inconvénients sont nombreux.

Le plus grand danger serait de substituer à la discipline ordinaire un régime bâtard qui n'offrirait ni les bénéfices du travail forcé ni les chances du travail libre. La désorganisation des ateliers aurait lieu comme dans le système du rachat par simple pécule. Qui sait si la jalousie, le désespoir des esclaves privés des moyens de se libérer, ne détermineraient pas une irritation dangereuse pour l'ordre public ? Qui sait si les colons prêteraient les mains à un mécanisme qu'il leur serait facile d'entraver.

Voici maintenant le programme de la majorité de la commission : *Dans dix ans*, à partir de la promulgation (1) de la loi, l'esclavage cessera d'exister dans les colonies françaises. Pendant cette période, l'autorité procédera, par voie *d'ordonnance*, à l'amélioration du sort des nègres. L'individu libre obtiendra la faculté d'acquérir des biens meubles, de faire acte de propriété dans de certaines limites, et de racheter les années de travail gratuit auxquelles il sera astreint. Tout individu affranchi soit par une transaction particulière, soit à l'expiration des dix années d'esclavage, sera tenu à une résidence de cinq années consécutives dans la colonie où il aura été affranchi ; et, pendant ces cinq années, il devra s'engager au service d'un des habitants de la colonie. L'engagement aura lieu à prix débattu, suivant un tarif réglé chaque année, au maximum et au minimum. Une rente de six millions à quatre pour cent, formant un capital de cent cinquante millions, est attribuée comme indemnité aux colons dépossédés ; mais cette somme, dont les intérêts sont capitalisés au profit des ayant droit, ne leur sera délivrée qu'à l'expiration des dix années, pendant lesquelles le travail forcé et gratuit doit être maintenu.

Les enfants, au-dessous de 14 ans, suivront le sort de leur mère. L'indemnité comprend la pension viagère des viellards et des infirmes chez leurs anciens maîtres. En résumé, *statu quo* pendant dix années, engagement de cinq ans pour assurer la continuite du travail, *indemnité modérée*, voilà le projet en trois mots. »

Maintenant, ne s'agissait il pas du travail de cette commission lorsque, dans la séance du 28 juin 1843, le ministre des affaires étrangères, M. Guizot, estimant à deux cent cinquante millions le chiffre d'une indemnité qui n'indemnisera le colon que d'une partie *du prix* du noir, déclara que le gouvernement persistait dans ses vues relatives à la grande question de l'abolition de l'esclavage ;

(1) Id.

qu'il l'avait prouvé par la nomination d'une commission dont le rapport était terminé. N'est-ce point à ces mêmes paroles que l'honorable M. Mauguin répondit : j'ai lu, jai lu le rapport de la commission, et si les conclusions arrivaient devant la chambre je me montrerais leur plus ardent adversaire, parce que ces conclusions fatales aux colonies seraient, par là, fatales à la France.

En examinant les différents systèmes, plus ou moins reproduits et modifiés dans ce dernier, nous avons répondu et nous répondrons encore à ses vices principaux.

Ce qu'il s'agit de produire, ce qu'il faut effectuer, c'est une combinaison certaine de la liberté et du travail des noirs avec la sécurité des blancs ; afin de conserver dans les colonies des possessions importantes à la France.

Indemnité pour les colons, et indemnité qui ne soit *ni moderée, ni excessive*, mais juste, c'est-à-dire complète, ou égale au dommage causé par l'émancipation : c'est là, de plus, ce qu'il faut admettre ! Le contraire est injuste et l'injuste est impossible ; y sommes-nous ?

L'examen du chapitre spécial de l'indemnité nous ramène, incidemment, à plusieurs questions ; nous y arrivons. — Cependant que l'on veuille bien nous permettre de le répéter :

Il existe pour les colonies une nécessité suprême, c'est que les affaires coloniales soient dirigées par les hommes qui les connaissent à fond, et qui les aient longtemps conduites sur place ; sinon, qu'attendre de ceux dont l'activité a pour âme les préjugés et les passions ? Des vertus, des connaissances précieuses, un rare talent, mais dominé par des systèmes dont la fausseté échappe à leur clairvoyance, constituent, dans ces hommes, des régénérateurs du genre le plus dangereux. (1)

Nous croyons, en tenant ce langage, nous inspirer des sages paroles de l'Assemblée Nationale : « Les colonies ayant seules les notions locales et spéciales, les lois qui concernent leur régime intérieur et n'affectent pas leurs

(1) *Note*. Les affaires coloniales ne doivent être dirigées et tranchées que par des Français de la métropole. Non ! non ! car, les conseils coloniaux, ne sont guère « que des foyers d'opposition turbulente ! » Rap. de Broglie, p. 128, etc., etc. Mais que dirions-nous, en France, s'il plaisait à Sa Majesté moscovite de ne mettre à la tête des affaires polonaises que des Russes ? A Sa Majesté prussienne, de ne gouverner, de n'administrer les provinces cathol. Rhénanes, que par de bons protestants Prussiens ? etc., etc. Ce qui vous courrouce, à juste titre, c'est tout exactement ce que vous faites !...

relations avec la métropole peuvent et doivent se préparer dans leur sein. (1) L'assemblée n'entend point les assujétir à des lois qui pouvaient être incompatibles avec leurs convenances locales et particulières.

C'était rendre hommage à *l'esprit de suite* qui est *le véritable esprit de gouvernement*, et rentrer dans les dispositions de l'édit de mars 1760 article 10. — Cet édit rentrait lui-même dans les errements de Colbert, « dont l'administration devait être la fin de toutes les ignorances et le commencement de tous les biens; » (2) de Colbert, qui se vouait à l'immortalité en fondant de toutes parts, et non pas en amoncelant des ruines! Cet édit, sous un monarque *très-absolu, permettait aux conseils supérieurs de surseoir à l'enregistrement des édits et ordonnances*, s'ils y trouvaient quelque disposition contraire à la nature des objets de la législation locale... Et puis, indépendamment de ce vote suspensif, donné aux conseils supérieurs, la législation leur accordait des attributions aussi positives qu'étendues sur les matières les plus diverses... (3)

Ces dispositions, ces lois, c'était la vie; mais, espérons. Aujourd'hui, encore, au sein des alarmes, nous entendons retentir les accents de l'un des plus habiles économistes et financiers de nos chambres; les accents d'une voix qui signale le danger assez à temps pour qu'on l'évite :

« Nous frappons à mort nos établissements coloniaux, non-seulement par ces mêmes dispositions de tarif, aussi fatales à leur *unique* produit qu'à la fortune de la métropole; mais, encore, par des efforts philosophiquement destructeurs, qui tendent à briser les chaînes de l'esclavage sans les remplacer, *aussitôt*, par les *liens du devoir et le joug du travail.* » « Défendons-nous, désormais, contre ces inspirations des novateurs qui poussent incessamment à des entreprises presque toujours généreuses, *en apparence*, mais aux dépends de nos plus plus chers intérêts; revenons franchement aux principes *d'éternelle sagesse du grand fondateur de la marine française*, afin de préserver, dans leur détresse immédiate, notre système colonial, *notre navigation extérieure et notre puissance morale* des illusions de la

(1) Du projet de loi tendant à régler les attributions financières des conseils coloniaux. Jolivet, avril 1842, p. 6., 11.

(2) De Pradt, colonies, tome 1er, p. 92. Paris 1817.

(3) 2. id. Joll., p. 7, 8.

liberté absolue du commerce, du privilége exorbitant du sucre indigène, de *l'émancipation subite d'une population non civilisée ;* enfin *de la chimère* d'une heureuse et prompte résurrection de cette société exceptionnelle *après une désorganisation précipitée qui la rendrait barbare.* » (1)

Mais il est grandement temps de suivre ces sages conseils! Peut-être, alors, que, marchant à pas lents et sûrs dans la voie des réformes, et nous les sollicitons, nous verrons renaître ces beaux jours qui furent ceux des prospérités de la France. Nos expérimentateurs se sont fréquemment trompés, mais le talent et le patriotisme seront plus grands chez eux que tout autre mobile ; nous n'en voulons point douter. Apprêtons nous donc à les voir changer de voies. Tout sert aux grands hommes, surtout leurs fautes!

(1) M. d'Audiffret. Chambre des Pairs, 25 janvier 1843.

CHAPITRE IV.

L'INDEMNITÉ.

Quels que soient les systèmes qu'il plaise aux différents auteurs de projets de formuler, à l'exception, peut-être, d'un seul qui n'est le projet exclusif de personne, que l'histoire de la civilisation du monde nous enseigne, et qui sort si naturellement du cours des choses que chaque événement prend une voix pour le rappeler ; à l'exception de ce projet, que nous serons conduits à énoncer et qui, moins que tous les autres, se rattache à des sacrifices financiers, une question de la plus haute gravité saisit dans leur germe tous les systèmes, adhère à leur substance et les hérisse, à mesure qu'ils se développent, de difficultés tout-à-fait insolubles — cette question est celle de l'indemnité.

En effet, la fin de l'émancipation étant une fin *de justice, d'ordre, d'humanité*, nul être raisonnable n'a pu songer à la réaliser par des moyens contraires, c'est-à-dire par l'*injustice, l'inhumanité*, le *désordre ;* par la *spoliation.* Ces paroles, on le pense n'ont point mission d'aborder les écrivains attaqués de la maladie du communisme ; depuis quelques milliers d'années, d'ailleurs, toutes les sociétés du monde ont répondu, par leur sagesse, à ces novateurs surannés.

D'autres publicistes, torturés dans leur raison par les difficultés de l'indemnité se sont épuisés en paralogismes contre la justice de cette mesure. Mais inconséquents, par suite de cet esprit d'humanité qui respire dans leur nature, ils la reconnaissent et lui rendent un commencement d'hommage dans leurs projets.

Citons les paroles textuelles de l'honorable M. de Tocqueville : « Votre commission a repoussé tout d'abord l'assimilation qu'on voudrait faire de la propriété de l'esclave aux autres propriétés *que la loi protége* (1). » « L'homme n'a jamais eu le droit de posséder l'homme ; le fait de la possession a toujours été et est encore illégitime. »

Il est donc de ces moments où la rectitude des idées se rsfuse aux meilleures têtes ! De ces moments où, sans outrager nos plus forts écrivains, parce qu'ils savent le fonds d'estime acquis à leur caractère et à l'éminence de leur talent, ou pourrait, humblement, et par exception à la teneur de leur vie, leur rappeler cette sentence du comique latin : *homine imperito numquàm quidquam injustuis* (2).

La possession de l'homme par l'homme est illégitime et le fut ; nous sommes prêts à vous le concéder ; mais, à ce titre, est elle *illégale, où d'une nature étrangère à ces propriétés que la loi protége ?* Voilà ce que nous devons inférer de vos paroles ! — Nous sommes loin, bien loin, de comparer nos lumières aux vôtres, cependant, une fois par hasard, permettez-nous de vous le demander, soupçonnez-vous l'abîme qui sépare ces deux mots : Illégitime et illégale ?

Un mot pour l'apprendre à ceux qui, ne l'ayant point oublié, ne l'ont jamais su. — Ce qui est illégitime c'est ce qui viole les grands principes de l'ordre général ; ce qui fausse les rapports naturels établis, par la loi du Créateur ou de la raison, entre les êtres.

Nous appelons illégal, au contraire, le fait opposé aux lois de l'homme ; lois, trop souvent en contradiction avec les principes fondamentaux de la raison universelle. Les lois humaines n'atteignent la perfection qu'autant qu'elles se rapportent parfaitement aux lois universelles, éternelles comme les idées dont elles se composent ; accommodées, par cela même, à l'usage de tous les hommes, dans tous les climats et tous les temps.

Entre les deux mots légitime et légal hâtons-nous donc de distinguer et procédons par un exemple vulgaire. La

(1) Rap. Tocq., p. 19.

(2) Térence-Adelphes, acte 1er, scène 2me.

propriété acquise par le fait inique de la prescription est illégitime. Les lois souveraines et générales de l'ordre, les lois universelles la réprouvent. Eh bien ! celui qui possède sans autre titre que la prescription est un possesseur à la fois illégitime et très-légal. La légalité le protége, et ce bien qu'il a usurpé aux yeux de tous, l'État, qui a fait la loi, se garderait bien de lui en enlever une parcelle, sans l'indemniser de toute la valeur complète de cette parcelle. Illégitime possesseur aux yeux de tous, il possède valablement aux yeux du législateur, de la loi, et du juge ministre de la loi. Il jouit, en un mot, non-seulement de la propriété, mais des droits les plus sacrés et les plus augustes qu'elle confère ; sans excepter, même, ce droit, commencé par la propriété et complété par l'élection, de faire peser sa volonté dans les lois imposées à des millions de gens honorables dont le cœur le méprise.

Or, le maître du noir, avez-vous dit, est possesseur illégitime. Vous y tenez — cela sera ; mais ce possesseur illégitime est un possesseur très-légal; (1) vous tiendrez même à ce que j'ajoute fort honorable.

Il possède, d'après le texte et sous la garantie de la loi, qui est le fait de l'état; et tous les membres de l'état, ont été, de tout temps, solidaires des engagements de l'état. Or, l'état, c'est la nation tout entière, s'exprimant et agissant par l'organe du pouvoir.

L'état doit donc, bien évidemment, l'indemnité telle que nous la savons définie par la charte ? — Nullement; car l'état n'a pû fonder l'esclavage sans constituer un privilége ; privilége comparable à ceux des charges d'avoués (2), de notaires, ou de la propriété littéraire, par exemple ; et il est de principe, énonce le rapport de 1843, que quiconque profite de la propriété fondée par le privilége, « en profite à ses risques et périls, sachant bien qu'un tel état de (3) choses doit être aboli quelque jour, et peut l'être chaque jour. »

Sans perdre de temps à nous demander s'il y aurait matière à contester le principe, nous nous contentons d'observer qu'il ne s'agit point ici du privilége pur et simple.

(1) Rap. Rémusat. 19 juin 1838, Monit., p. 1747, col. 2me.

(2) Rap. de Broglie, p. 265, etc.

(3) Rap. de Broglie, p. 269.

Si nous pénétrons assez avant dans la question pour ne point nous laisser arrêter, comme en cas de precédure vulgaire, par les faux semblants de la forme, ne rencontrons-nous point ici la substance toute vive d'un quasi-contrat, dans lequel l'état s'oblige, en portant la loi *dont il bénéficie*, à payer ce bénéfice au prix d'une concession qu'il vous plaît de revêtir du nom de privilége (1).

Car il faut le savoir : « l'état ne s'est pas borné à faire partager aux colons son illusion » sur le droit de posséder l'homme ; « il n'a rien négligé pour engager, pour entasser les capitaux français, » dans les acquisitions d'esclaves, « les encouragements, les *primes*, les *immunités*, ont été *prodigués* à l'envi(2) pour les décider à ne point rester sourds à cet appel. » « Le commerce des esclaves a été non-seulement *provoqué, encouragé, récompensé, mais ordonné* (3). » Un privilége que l'état supplie d'accepter, qu'il impose, en quelque sorte, c'est un privilége de bizarre nature, et veuillez nous le dire encore : sous l'épée qu'un fil suspendait au-dessus de sa tête, Damoclès pouvait-il considérer comme un privilége la couronne et le luxe de la royauté ? Eh bien ! jusque-là, bonnes gens que nous sommes, nous voulons bien admettre les suppositions qui nous sont contraires, — quelque singulier que soit le privilége d'une ruine imminente ! Sang et fortune, les colons auraient donc joué tout le positif de leur avoir, et l'auraient transformé de la sorte pour le remettre à l'arbitraire du gouvernement ? Notre concession pourrait vous le faire croire ?

Mais cela ne peut se soutenir, et voici pourquoi. — C'est que les mots ont leur valeur ; c'est qu'ils la conservent lorsqu'il est du devoir de supposer des lumières et de la bonne foi à l'être qui parle ; et que les conventions ou concessions doivent avoir, en conséquence, la valeur que les mots leur donnent. Or, « l'état a toujours parlé, dites-vous, dans l'hypothèse de la nécessité, de la *perpétuité*, de l'esclavage. Cette idée respire *dans tous les édits, dans toutes les déclarations* (4). » Que si l'état, en agissant de la sorte, a forfait aux lois de la morale et de l'humanité ; que si, par son fait, les colons se trouvent engagés dans les voies de l'er-

(1) Privilége, *privati-lex*. Et qu'est-ce qu'un privilége ouvert à tous ?

(2) Rap. de M. de Broglie, p. 270.

(3) Rap. Huc et C., p. 25.

(4) Rap. de Broglie, p. 269, 270.

reur, parce qu'en se trompant il les a trompés, la politique la plus vulgaire permet-elle de regarder, de châtier comme une faute d'avoir foi aux lumières et à la parole de l'état? C'est bien ici le cas de répéter que « les colons ne peuvent répondre de l'erreur du législateur (1). »

La propriété des colons reste incontestable. De là, ces paroles de l'illustre M. de Lamartine : « Mais qu'est-ce que cette propriété devant la loi? Il faut avoir le courage de l'avouer, c'est une propriété aussi inviolable que celle de votre champ (2) » L'état n'a donc aucun titre pour nous l'enlever. L'équité, ses propres lois, ne lui permettent qu'une seule chose : c'est, en cas d'utilité publique, d'user du droit d'expropriation; c'est-à-dire de la faculté *de transformer* la propriété entre les mains du propriétaire, mais non d'en altérer la valeur. — Et, si cela lui est impossible, quelque chose doit lui être plus impossible encore : c'est l'injustice!

Mais, nous dit l'auteur du rapport, dans une des plus singulières préoccupations : « il ne s'agit point ici d'expropriation pour cause d'utilité publique (3). » Il s'agit donc d'un intérêt particulier? Ou, n'est-il question de l'intérêt de personne, ni de rien? Ou le seul intérêt présent est-il celui de la morale publique? Eh bien! quel intérêt public d'un ordre plus élevé, plus sublime, plus impérieux dans l'esprit d'un législateur que celui de la morale publique?... dont l'état eût donné un bel et utile exemple, en ne s'exposant pas aux justes reproches, que, du haut de votre équité, vous laissez tomber d'aplomb sur sa conduite, en l'accusant d'avoir violé, à l'égard de ses malheureuses colonies, les promesses du pacte colonial (4).

Ce tort, si grave, qu'il leur a fait et qu'il continue de leur faire, ce n'est probablement pas un précédent qui le lie et l'engage à de nouveaux torts!

Le seul coupable, c'est donc l'état, et l'état, c'est le public, la nation, nous tous. Punir le possesseur illégitime, mais très-légal, par une spoliation totale ou partielle, c'est, non-seulement déchirer la loi, mais punir le particulier du crime de tous. C'est commettre un crime, une in-

(1) Rap. de Broglie, p. 263.
(2) Rap. Huc et C., p. 26, 25 juin 1836.
(3) Rap. de Broglie, p. 268.
(4) Rap. de Broglie, p. 27.

justice publique, la moins pardonnable de toutes parce qu'elle est la plus facile à prévenir, la moins coûteuse à réparer.

Eh quoi! Réparer une injustice commise contre une race, par une injustice *impolitique* et désastreuse contre sa propre race! Mais ce serait là vouloir rentrer violemment dans l'ordre par le désordre.

Méconnaissant instinctivement le principe afin de se dispenser d'opérer sous son empire; afin de réunir toutes les facilités de l'arbitraire sous les airs grandioses de la générosité, la commission de 1839, composée d'hommes qui, sans doute, ne pèchent jamais par le cœur, s'il leur arrive, comme à nous simples mortels, de pécher quelquefois du côté de la logique; la commission a voulu du moins constater : « qu'il ne serait ni humain, ni équitable, ni sage de ne point *venir au secours* des colonies, au moment où l'émancipation générale est commencée, et pendant qu'elle s'opère (1). »

La commission dont l'honorable M. de Rémusat fut le rapporteur, n'avait pu résister, non plus, à ce *besoin de conscience*, de prononcer par son organe le mot de *droit*. « Les colonies forment des sociétés complètes et civilisées, anciennes, » pesez toute la valeur du mot! « L'état de choses qu'il faudrait modifier a créé des intérêts *puissants*, des habitudes *invétérées*, des droits relatifs. » En effet, « constitué sur une base injuste et fausse, cet état fut ainsi constitué de l'aveu et par la volonté de la France (3). » Il importe donc, dès que l'on prétend réformer, d'agir avec justice; car la justice, c'est la règle sur laquelle nous redressons nos actes; et pour que cette règle redresse, la première condition c'est qu'elle soit droite. Comment d'ailleurs s'abstenir de procéder avec mesure en présence de cette idée : « Que bien des causes pourraient donner à une réforme les allures d'une révolution (4). » De là, cette prière que l'équité adresse à tous les partisans de la réforme : de s'éclairer un peu davantage sur l'histoire ancienne et présente des colonies, avant de se passionner contre leur état et leur régime. « *L'invective* leur dit la

(1) Rap. Tocq., p. 20.
(2) Rap. Rémusat, 19 juin 1834. Monit., p. 1746, col. 2, id. col. 3.
(3) Rap. Rémusat, p. 1746, col. 2. Monit.
(4) Rap. Rémusat, p. 1746, col. 2.

commission, *se croit* (1) *l'expression mesurée d'une indignation permise ;* les colonies ont eu souvent à s'en plaindre; » « la commission savait déjà, et son travail l'a conduite à mieux savoir encore, *combien nos concitoyens d'outre-mer méritaient l'intérêt et la protection de la mère-patrie!* (2) » Et, pour revenir, par cet avis charitable, à la question de droit : le système de l'émancipation « *ne va pas sans l'indemnité,* et l'indemnité, *si elle est réglée convenablement,* assure à l'administration *le concours des propriétaires, sans lesquels l'opération ne saurait réussir* (3). » Ces paroles rendent l'indemnité réelle *aussi nécessaire au succès* qu'à la justice; et vous voulez le succès et la justice!

Ainsi donc, le droit que la commission reconnaît au colon, ce n'est pas, seulement, ce droit que la loi, dans son impartialité, reconnaît à lhomme dur, avare, intraitable. Non, ce droit, rigoureux en justice, se recommande encore au cœur du juge par les vertus civiques et paternelles de l'homme qui le réclame.

Lorsque la vérité du principe reçoit de si loyaux hommages, comment arriver à le tronquer?

Ce que l'on dit être, est ou n'est point. La vérité se tient nécessairement à l'un des extrêmes de toute question. Le milieu n'est point fait pour elle parce que « elle n'est point un tempérament comme la vertu (4). » Or, une indemnité incomplète, ce serait un milieu; une vérité incomplète, une justice incomplète; ou, en termes clairs, ce ne serait ni une vérité ni une justice. Ce serait donc le contraire de ce que veut la commission : « sûre » non-seulement « de sa volonté d'être juste » mais plus encore « de sa bienveillance! » (5)

Or, l'indemnité pure et simple, rigoureuse et légale, l'indemnité qui n'est ni faveur ni spoliation, mais qui répond logiquement à l'idée que le mot exprime: Cette indemnité est une compensation équivalente au tort occasionné, quelle que soit la portée de ce tort. Car il importe infiniment peu à la partie lésée, que la lésion soit directe ou indirecte ; le nom ne change rien à la perte.

Voilà ce que les *antagonistes de la servitude* ne peuvent

(1) Rap. Rémusat, p. 1744, col. 2.
(2) Rap. Rémusat, id.
(3) Rap. Rémusat, p. 1750, col. 1re.
(4) De Bonald.
(5) Rap. Rémusat, p. 1746, col. 2.

nous contester, sans nous repousser sous *le régime servile de la confiscation.*

Il ne reste donc de discussion possible que sur l'appréciation du préjudice éprouvé.

Démontrer que l'effet infaillible de l'émancipation, telle que les projets actuels la conçoivent, entraîne la ruine nécessaire et complète de la propriété coloniale, ce sera donc établir, en d'autres termes, que le législateur doit chercher une autre solution ; si mieux il n'aime allouer aux colons une indemnité presque équivalente à la valeur de ces mêmes biens.

Cette démonstration arrivera pas à pas ; et, d'abord, elle se fait jour par l'examen très-sommaire des difficultés qui entravent la question du rachat de nègre ; puis par les conséquences palpables de ce rachat.

Le rachat facultatif légal du nègre, à l'aide de son pécule (1), rend toutes les catégories d'esclaves, *ou* tous les individus égaux devant un tarif uniforme, quel que soit le mérite relatif des individus ; et les différences de ces mérites sont infinies. Tel noir, sujet incommode ou vicieux, compte plutôt au nombre des charges qu'au nombre des valeurs de l'habitation ; tandis que le maître ne se déferait pas de tel autre noir, excellent ouvrier, pour une somme quintuple du prix moyen de l'esclave.

Et d'ailleurs, les ranger par catégories ce serait compliquer démesurément la question sans la résoudre d'après les lois de la justice. Selon quelle échelle, en effet, apprécier les nuances infinies de valeur absolue et *relative ?*

Comment, par exemple, exiger du noir un prix de rachat égal au préjudice que sa retraite occasionne au maître, c'est-à-dire comment compenser, *sans injustice pour le nègre,* le tort résultant de sa libération, par une indemnité proportionnelle ? Examinons de sens rassis, si ce chiffre n'est pas aussi impossible à fixer qu'injuste par ses inégalités.

En effet, les premiers noirs qui abordent les colons avec la volonté et les moyens de s'affranchir, ce sont les sujets précieux, les meilleurs bras, les bras les plus actifs, ceux qui éprouvent la plus grande facilité à convertir en argent leur industrie et leur travail. A quel taux les fixer ?

(1) Le nègre *s'enrichit* facilement quoique rarement, et son pécule lui appartient. Voy les chap. : Etat Moral actuel des Colonies. — Travail libre.

Car, l'habitation réduite à un certain nombre de nègres, fort difficile à préciser, peut fonctionner encore quoique dépouillée des principaux organes de sa fécondité. Mais, dans ces circonstances, quelques-uns, seulement, et des plus médiocres se présentent encore et demandent à traiter à prix débattu de leur rançon. Le maître traite, la loi le veut. Cependant du moment où ils se retirent, l'exploitation s'arrête ; les bras lui manquent ; il faut chômer, et chômer c'est périr. — Selon le vœu de la justice, qui est aussi le vôtre, ces quelques nègres auront donc à payer, pour *indemniser* le maître ou *réparer le dommage qu'ils lui causent* en retirant de ses mains des ouvriers que la loi lui concédait à perpétuité, une somme égale à la valeur moyenne de l'habitation dont leur affranchissement suspend la marche ? Cela se peut-il ?

Enfin, le prix des noirs derniers venus, égaux en mérite à ceux qui les ont précédés, se trouverait presque nul, puisque la présence ou l'absence de ces nègres laisse l'exploitation également impraticable.

Ce qui ne peut se délier on le tranche, depuis l'histoire du nœud Gordien. C'est le parti tout Alexandrin que vient d'adopter la commission dont M. le duc de Broglie, nous signifie les projets.

La valeur moyenne de l'esclave valide, quelle que soit la colonie où son sort l'ait attaché, égale la somme de douze cents francs ! Voilà son mot. Tant pis, d'ailleurs, pour qui possède les bons, tant mieux pour le possesseur des mauvais ; le bonheur des uns compense le malheur des autres; premier point.

En second lieu, voici l'un des raisonnements de la commission : Nous *accordons* à l'intérêt colonial dix années de prolongation de l'esclavage. La semaine produit au maître cinq jours pleins de travail. Nous versons entre les mains du maître, la moitié de la valeur de son esclave. Grâce à cette somme de six cents francs la moitié du travail du nègre, ou deux journées et demie sur cinq nous appartiennent. Il nous plaît de les abandonner au maître. Lorsque l'heure de la liberté vient à sonner, le maître a donc reçu six cents francs en travail et six cents autres francs en argent. Partant, nous sommes quittes et justes.

Vous voulez l'être et nous n'en doutons point. Mais examinons, ensemble, s'il vous plaît, la valeur de votre raisonnement. Au lieu d'affranchir le nègre à l'expiration de ces dix années, veuillez concéder sa personne au maître pendant une deuxième période de cinq années, en le priant, toutefois, de commencer par vous rendre les six cents francs qu'il a reçus de vos mains. Les cinq années qui vont s'ouvrir vous appartiennent pleinement, et en concédant au colon les cinq journées de la semaine vous lui donnez une valeur égale aux six cents francs qu'il vous a rendus. Ce calcul est, virtuellement, le vôtre.

Donc six cents francs de travail en dix ans, ajoutés à six cents francs de travail en cinq années, égalent douze cents francs, valeur du nègre. Donc vous êtes quittes et justes.

Donc, lorsque le noir appartient à perpétuité au colon, non-seulement dans sa personne mais dans sa descendance, vous indemnisez le colon de la valeur totale de son nègre avec une partie du travail que ce nègre et sa postérité lui devaient à tout jamais !

Et ce nègre n'était, lui-même, qu'une partie de la valeur de l'habitation ; mais une partie dont la retraite anéantit tout le reste, et nous le prouverons, à peu près, comme l'âme anéantit le corps lorsque l'appel d'en haut l'en sépare.

Donc, vous avez résolu le plus insoluble des problêmes. Vous avez fait, non point seulement de la partie, mais d'une portion seule de la partie, l'équivalent du tout. Soit: *M. P. C.* forment un total équivalent à dix mille. Or, selon vous, le premier jambage de *M.* égale *M. P. C.* Donc ce jambage égale dix mille.

Le paralogisme est-il assez palpable pour ceux mêmes qui ont le bonheur de n'être pas colons ?

Sages étaient et sont les philosophes chrétiens en soutenant que l'homme nierait l'évidence des vérités mathématiques avec le même aplomb qu'il nie les vérités religieuses si ses passions trouvaient un intérêt à les contester. Il y a de la générosité dans les passions qui, cette fois, ont émoussé votre vue pénétrante; mais entre les passions et la lumière il y a toujours antipathie. Qui mieux que vous me l'apprendrait si j'avais le malheur de l'ignorer ?

De quelque sorte que l'indemnité s'opère, si elle ne porte que sur la valeur du nègre, quelque largement apprécié qu'on le suppose, cette indemnité devient dérisoire, sauf le cas de l'organisation parfaite du travail, et cette organisation (1) n'est encore qu'un rêve. A la Guyane Anglaise, colonie placée dans l'une des situations les plus favorables pour cette expérimentation « il est devenu presqu'impossible (2) de trouver des ouvriers, depuis l'émancipation des nègres. » Les essais qu'on a faits avec des ouvriers de Malte ou des Indes-Orientales, ont complètement échoué. Sur le sol des habitations coloniales, frappées de stérilité et de désolation par la retraite du nègre, l'Européen succombe. Si le climat l'épargne le travail le tue. Les colons en appellent, sur ce fait, aux statistiques abolitionnistes. En effet, établit M. Cochut : en 1839 et 1840 (3), deux mille Français furent transportés à la Trinité par des bâtiments du Hâvre, et déjà, *en* 1841, plus des deux tiers avaient succombé ! Les immigrations d'ouvriers n'ont guère augmenté aux colonies que le nombre des tombeaux !

Et puis il est impossible de raisonner sur cette question sans se former une idée des exploitations coloniales. — « Le domaine rural qui (4) en France, a six atelages de labour est immense. Eh bien ! les beaux domaines de la Martinique, la Guadeloupe et Cuba, n'ont pas moins de cent bœufs, quarante mulets et trois cents ouvriers. Je le répète, nous n'avons aucune idée, en France, de l'agriculture tropicale, et ceux qui veulent réformer le travail des Antilles avec des projets du cabinet, et sans avoir vu par eux-mêmes, sont des rêveurs d'autant plus dangereux qu'ils ne comprennent même pas la nature et l'étendue de leur tâche. »

L'appréciation des rapports de temps et de quantité qui existent aux tropiques, entre le travail et ses fruits, rentrent encore dans la substance de cette question.

« La même plante de cannes fournit à plusieurs récoltes successives. C'est, pour cela, que les économistes de cabinets qui étudient dans les livres le résultat de l'émancipation Anglaise et qui ne trouvent pas *une ruine complète dès l'année suivante*, tombent dans la plus grossière erreur en attribuant au travail libre le dernier résultat obtenu (5). Le même

(1) V. le rap. de Broglie, p. 300 à 315. — V. mon chap. Travail Libre.
(2) Nouvelles Annales des Voyages, 4me série, tome 1er, p. 134, etc. 1840.
(3) Revue des Deux-Mondes, id. p. 221, 222.
(4) Voyage aux Antilles, Globe, 27 novembre 1841. G. de C., id.
(5) Id. Voyage aux Antilles, 28 novembre 1841. — Id. Rap. Huc et C., p. 80.

pied de canne fournit, successivement, trois, quatre, six, huit récoltes et dure, par conséquent, jusqu'à huit années. Pour juger définitivement le travail libre il faut donc attendre huit ans environ, c'est-à-dire donner le temps d'épuiser toutes les cannes plantées durant le régime de l'esclavage.

Terme moyen, dans nos Antilles, la canne donne au moins trois récoltes. Il y a à la Martinique des terres qui en donnent huit. Quelques îles sont merveilleuses sous le rapport de leur fécondité. La Tinidad, Porto-Rico et Cuba sont de ce nombre. La canne une fois plantée, ne s'y plante plus, parcequ'il y en a, au moins, pour une génération. Aussi les Anglais se sont ils emparés de la première de ces deux îles et veulent-ils ruiner les deux autres. Ce sont des terres qui portent l'or sous la forme de sucre. »

Et cependant, malgré cette prodigieuse fécondité de la terre, il est constant « qu'à la Jamaïque, celle des possessions émancipées qui présentent le plus de rapport avec la Martinique et la Guadeloupe, la proportion décroissante avait déjà réduit les récoltes de 50 pour 100, à la fin de l'apprentissage (1). »

De là les aveux officiels de lord Russel au parlement, et ce trait fatal par lequel se résume la circulaire aux gouverneurs des colonies : « de songer que, désormais, les Indes orientales sont la contrée à laquelle l'Angleterre doit demander son sucre (2). » C'est que, dans ces immenses régions, l'Angleterre se refuse de la manière la plus positive à toute mesure qui tendrait à desserrer les fers du plus dur et du plus avilissant de tous les esclavages (3).

Quant à la question de savoir s'il est dans les conditions du travail libre de remplacer le travail esclave, il appartient aux documents puisés dans le rapport de M. le duc de Broglie de la résoudre.

La Jamaïque, parmi les Antilles anglaises, est la colonie qui pourrait offrir le plus d'analogie avec les nôtres. Or, à la Jamaïque, depuis l'émancipation définitive, le taux de la

(1) Rap. Huc et C., p. 82.

(2) *Note.* Sucres importés des Indes-Orientales :

En 1815	6,379,948 kilog.	
En 1830	10,841,225	
En 1841	57,851,054	Rap. de Broglie, tableau, p. 380.

(3) V. mon chap. : Comparaison entre diverses sortes d'Esclavages !

journée du nègre s'élève *à plus de quatre francs* (1), Le salaire, à la Trinité, se compose de cinq francs par jour, plus une case, un jardin, les soins médicaux gratuits, un gallon de farine par semaine, deux livres de porc, deux livres de morue et deux bouteilles de rhum. Un homme laborieux peut gagner, à la Guyane, jusqu'à neuf francs par jour; et des travailleurs de l'Ile de France reviennent à leur maître jusqu'à seize francs par journée. Mais quelle fortune pourrait lutter contre l'énormité de ces salaires et à quel taux monstrueux porteraient-ils l'indemnité ?

Le calcul en est simple; retombons au salaire de la Jamaïque pour nous arrêter à une habitation moyenne, offrant un nombre de cent cinquante noirs. Cent cinquante noirs à 4 francs de salaire produisent une dépense quotidienne de 600 francs. Et 600 francs multipliés par le nombre de 300 jours seulement, nous donnent le chiffre annuel de 180,000 francs.

Pour satisfaire à toutes les exigences et retirer d'avance un terrain solide aux objections, nous voulons, après avoir choisi le modeste salaire de la Jamaïque, en réduire à moitié le total afin de compenser largement les frais de l'entretien des nègres et les faux frais du régime de l'esclavage. Cette opération nous descend à la somme de 90,000 francs. Puis, sans raison cette fois, nous retranchons encore de ce reliquat une autre moitié pour nous reposer au chiffre de 45,000 francs annuels de salaire; c'est-à-dire au très-piteux salaire de un franc par journée de noir, calcul adopté par M. le duc de Broglie (2), sans préjudice toutefois des allocations en nature. Et ce chiffre du salaire est tellement minime que si vous l'imposiez aux nègres libres, ils se jetteraient dans les bras des entrepreneurs de désertion (3), dont vous nous signalez les manœuvres comme un des plus puissants motifs de l'émancipation, et qu'on les verrait déserter en masse dans ces îles pour y jouir d'un excédant de rémunération et de bien-être qui les solliciterait de toutes parts.

Maintenant, ce revenu de 45,000 francs, forcément tiré de la bourse du maître, pour remplacer le travail obligatoire par le travail salarié, doit former le montant annuel

(1) Rap. de Broglie, p. 57.

(2) Rap. de Broglie, p. 23?.

(3) Id. V. au rap. p. 56, 61, 62.

de l'indemnité ; ou bien l'indemnité doit se composer du capital dont cette somme représente les intérêts, si peu que le mot indemniser, conformément à son sens étymologique et légal, signifie rendre indemne, ou *compenser* le dommage (1).

Eh bien ! si l'émancipation s'accomplit seulement sur cette base, toute étroite qu'elle semble, en préjugeant l'avenir de nos îles par l'état des îles anglaises, reconnu dans le rapport, le Gouvernement s'attend-il à voir les volcans des Antilles lui vomir la lave sous forme d'or, pour l'aider à réparer l'immensité du tort dont tant d'hommes honorables, mêlés depuis si longtemps aux affaires publiques, peuvent se regarder comme les provocateurs et les agents, trompés qu'ils furent par de fausses lumières (2).

Avant de rompre sur la Jamaïque, ajoutons un mot. Le rapport se range à l'avis que c'est le nombre des bras qui, en augmentant les difficultés de vivre et la concurrence entre les ouvriers, les stimule et augmente par leurs besoins la somme du travail. Or, si cette cause place dans une situation frappante d'infériorité la Jamaïque, dont la population, par mille carrés, n'atteint que le chiffre de cinquante-six individus, relativement à l'île d'Antigues, où ce nombre monte au total de trois cent quarante-cinq ; à la Barbade, où chaque mille carré porte jusqu'à sept cents âmes, que dire, en face des cinquante-six individus de la Jamaïque, du chiffre de la Martinique qui ne s'élève qu'à vingt, de celui de la Guadeloupe qui se borne à dix-sept, et de Bourbon qui tombe à huit ? (3)

A la Jamaïque, cependant, *comme partout*, « Les laboureurs prennent le chemin des villes. Ils ont en dégoût le travail des champs. (4) » Et puis, d'ailleurs, si le nègre, naturellement paresseux, consent à travailler, lui qui ne travaille encore que pour trouver, dans son salaire, un aliment à ses passions ; lui qui ne travaille que *mal et peu, quoique au poids de l'or*, (5) et à qui la plus faible somme de labeur donne au-delà du nécessaire ; lui qui, par cette gé-

(1) *In damnum.*

(2) *Sic est vulgus ; ex veritate pauca ex opinione multa æstimat.*—pro. Q., Roscio, ch. 10. Nous sommes tous *ce vulgaire* dans les questions étrangères à notre compétence spéciale ; notre cœur y voit pour nos yeux !

(3) Id. Revue des Deux-Mondes, p. 205.

(4) Rap. de Broglie, p. 32, 33.

(5) Rap. de Broglie, p. 308 à 315. — Idem, p. 300.

nérosité du sol, « échappe complètement à la nécessité de travailler sur les habitations des colons; (1) » si le nègre consent à travailler, disons-nous, ce sera, de préférence, sur son domaine. Les noirs achèteront, car ils achètent ; et vous aurez beau faire, vous ne pourrez les empêcher de prendre rang parmi les propriétaires ; ils réuniront leur capitaux pour acquérir des habitations, et les exploiter en commun ; car déjà, ils réunissent ces capitaux et s'associent ; ou bien, il fonderont des villages libres dans un centre de petites cultures individuelles ; car ils en ont fondé ; (2) et nos colonies leur offrent, à cet égard, d'inconcevables facilités. Le sol de toutes les propriétés ne forme, en effet, aux Antilles françaises, qu'un tiers de toute la surface des îles, et de ce tiers approprié, la culture n'a fécondé qu'un tiers ! (3)

Le côté politique de cette mesure se dessine avec assez d'évidence. Il faut fermer les yeux ou se résigner à y voir la ruine de la fortune, partant, de l'influence et (4) de la puissance *des blancs ;* et, sinon leur expulsion, leur retraite des colonies qu'ils ont fondées et fécondées de leurs biens aussi, et de leur sang. De ces colonies qui, livrées à la paresse et aux vices des nègres, trop ignorants encore, malgré leurs excellentes qualités, pour se gouverner et se conduire, « ne tarderont pas à tomber dans cet état de marasme où languit, depuis quarante ans, la population noire d'Haïti. (5) » Cette race de libérés condamnés à traîner, sous l'ignominie de l'oppression, la fierté du nom de républicains dont ils s'affublent et se travestissent. (6)

Et si les nègres, *nos frères,* sont des hommes ; s'ils ont droit à notre bienveillance, à notre humanité, ce sont des hommes, aussi, ces colons européens qui prolongent et fortifient la France jusque sous le ciel des Antiles, dans cette position merveilleuse pour ses flottes où la mer sépare les deux continents de l'Amérique !

Nos colons se résigneront-ils aux sacrifices, aux tours de force, de patience et d'industrie des planteurs de la Jamaïque ? Ils s'y résigneraient vainement. — Vous efforce-

(1) Rap. de Broglie, p. 307.
(2) Rap. de Broglie, p. 36, 37, 38. Id. 34, 306, 307.
(3) Id. Revue des Deux-Mondes, p. 220, rap. de Broglie, p. 324, 325.
(4) Consult. rap. de Broglie, p. 292, 293, etc., 345, etc.
(5) Rap. de Broglie, p. 313.
(6) Consult. le rap. de Broglie, Code rural d'Haïti, p. 328, 329, etc.

rez-vous de remédier aux vices de la situation par des lois; de remplacer *par des décrets*, les avantages inhérents à quelques colonies exceptionnelles : à la Barbade, à Antigues? où, dites-vous, « l'émancipation a complètement réussi; où les anciens esclaves en ont recueilli le bienfait *dans toute sa plénitude*. (1) » Ce que nous nous évertuerons à croire de toutes nos forces, malgré cette assertion contradictoire : que, depuis l'établissement du nouveau régime, « les plaies de la société y surgissent de toutes parts; que, sous l'esclavage, les mœurs étaient loin d'être régulières, sans doute, mais que le spectacle dégoûtant du vice ne s'y montrait pas comme il le fait aujourd'hui. (2) » Comment? « En dépit des circonstances locales » de nos colonies, vos dispositions législatives, affirmez-vous, les placeront « précisément dans la situation où le concours des circonstances locales a placé et place encore les affranchis d'Antigues et de la Barbade. » Mais c'est là que nous revoyons saillir votre erreur capitale et habituelle : de vous figurer que l'homme puisse, par la vertu de ses décrets, terrasser toutes les puissances de la nature! et de la nature tropicale! Quelques séductions que le sentiment et le langage répandent sur une opinion fausse; quelque avantage, même que procure, dans les pays à budjets, l'art moderne de grouper les chiffres ou de prêter aux fictions la rigueur apparente des vérités mathématiques; quelque supériorité présumée que donne au travailleur, consciencieusement abusé par ses recherches, les groupes savants et massifs sur lesquels il appuie de confiance ses batteries d'arguments; je ne sache point d'évidence compassée, capable de tenir contre l'évidence naturelle, s'adressant au sens commun, et ressortant, non point de l'esprit général d'un rapport ou d'un ouvrage, mais de ces faits concluants, de ces aveux pleins de lumière et de franchise qui s'y jalonnent, et sont, à la fois, la preuve de la loyauté, des brûlants désirs et des erreurs de l'auteur.

Décidément, les colons peuvent-ils se contenter du simulacre d'indemnité qui leur est offert par les auteurs du rapport? « Entre les mains d'hommes actifs, industrieux,

(1) Rap. de Broglie, p. 317. Ces deux colonies, surtout, se trouvent dans l'état le plus exceptionnel. Le manque d'eau, de bois, de terre, *y contraignent* l'homme au travail. C'est tout le contraire ailleurs!

(2) Rap. de Broglie. Id. p. 159. Dans cette même île d'Antigues pourtant!

(3) Rap. de Broglie, p. 326.

intelligents(1) comme le sont les Anglais, cinq cents millions jetés dans leurs colonies, devaient doubler les produits de l'agriculture; et cependant, la production a suivi une proportion décroissante. Ces capitaux se sont convertis en machines dont la puissance devait suppléer à l'absence des bras. Efforts superflus! » Mille causes, *moins une seule*, (2) *cependant, qui serait terrible et décisive en France, la production du sucre indigène!* se sont liguées pour amener la détresse des colons.

Les colons ne peuvent donc accepter les millions dont il faudra surcharger après surcharge, les contribuables, pour accomplir la *plus impolitique des injustices*, celle d'une fausse indemnité. Ils refuseront, si ce n'est sous le coup de la nécessité où les placerait la violence légale, de préférer quelque chose à rien. Leur situation est celle de ce riche obéré dont le Gouvernement saisit le palais, et, pour cause d'utilité publique, en convertit le sol en place d'armes. Les chapitaux roulent à terre, brisés sous leurs fûts; fresques, mosaïques, or, sculpture, toutes les splendeurs, pulvérisées par le marteau, tombent. Cependant le riche se voit contraint de recevoir, par acte public, la valeur de la surface du terrain. Il y gagnera peut-être, et paiera ses dettes; sinon, s'il refuse cette indemnité, rien pour le riche, propriétaire et débiteur. On ne lui a rien pris que cela! le reste est à lui; qu'il l'enlève et le replace ailleurs si bon lui semble. On lui demande de souscrire et de sourire. La justice n'est point faite comme cela au pays de France.

Si « c'est la mission de notre siècle d'être le réparateur (3) des siècles passés, » ce n'est point, à coup sûr, pour réparer un tort par d'autres aussi grands; par des torts beaucoup plus graves, puisqu'à l'injustice il ajouterait le désordre. Ce n'est point davantage pour réparer, aux dépends de quelques individus de l'âge présent, les torts accumulés de générations successives. Si la gloire des plus illustres redresseurs de torts empêche notre siècle de dormir, s'il

(1) Rap. Huc et C., p. 80, voir id. rap. de Broglie, p. 290. — M. Burnlley confirme que l'indemnité allouée aux colons anglais, n'a représenté que *la moitié* de la valeur des noirs, et que *le quart* de la valeur des propriétés! Renseignements fournis par M. le v. amiral de Mackau, ancien gouvern. de la Martinique. Théorie et pratique, Jol., p. 9.

(2) Consult. le rap. de Broglie, p. 253. Id. p. 292, 293, 286, etc.

(3) Rap. Rémusat, 19 juin 1838, Moniteur.

tient à se constituer le champion du faible opprimé, je l'approuve autant que que je l'admire, mais pourvu que sa bannière offre aux caresses du vent de la popularité les nobles devises de la justice.

Si donc le Gouvernement, dont la désapprobation paralyserait les projets de la commission, adopte les doctrines qu'elle formule, s'il se sent sûr de son fait comme il doit l'être avant de procéder, s'il répond de la justice et de la justesse de ses plans de bienveillance et d'économie politique ; s'il est aussi certain, que tous les hommes qui ont vécu dans les colonies le sont du contraire, de constituer si lestement le travail par la liberté, (1) et de fonder, par la liberté, un régime également favorable aux hommes de couleurs diverses dont se compose la société coloniale, que ne donne-t-il la preuve de sa conviction par une mesure bien simple et où la justice lui assure d'incalculables bénéfices ?

Cette mesure, c'est de se substituer aux colons par une expropriation générale. Cela fait, le Gouvernement, sûr de sa force et de ses intentions, qui sont toujours un sujet d'alarmes pour les colons, voit tomber, *d'un seul coup*, tous les obstacles. La liberté donne au travail l'exubérance et la splendeur de ses fruits. L'Etat, devenu propriétaire, afferme ou fait valoir, soit par les mains des maîtres actuels, soit par celles de nombreux agents dont il récompense les services par une multitude de places nouvelles et sérieuses, substituées à d'odieuses sinécures. Et, plus tard, si bon lui semble, il recouvre avec aisance et double, au moins, son capital d'indemnité ou d'acquisition, dont la terre qu'il exploite grossit chaque année les intérêts, en cédant les habitations paisibles et prospères à de nouveaux acquéreurs, pleins de sécurité, cette fois, et dont la foule constate, par son empressement, la réalité des plus magnifiques prévisions.

Ou bien, encore, qu'il imite les architectes, astreints par la loi à répondre sur leur bourse, pendant un temps raisonnable, de la solidité des édifices dont il ont exécuté le plan. Que le gouvernement réponde donc de la bonté de ses plans, *lui qui les impose !* Qu'il se porte garant de ses promesses, car ces promesses ne peuvent se donner en

(1) Nous appelons liberté ce qui serait indépendance ; car c'est d'une liberté de bon alloi que nous demandons la réalisation dans notre chap. : Moyens Religieux.

échange de ce qu'il prend ou détruit, qu'autant qu'il les convertit en engagements sérieux. Qu'il se lie par des lois, seuls contrats, *à peu près passables*, entre les individus et l'État. Et, dès lors, les colonies perdront le droit de se plaindre : La charte, souveraine protectrice des biens privés et publics, sera pour eux une vérité.

Mais l'État hésite, ou, plutôt, il n'hésite point. L'État refuse et refuse très-net. La proposition lui paraît plaisante. Sa justice ne serait donc pas bonne pour lui ? C'est dire assez qu'il ne peut l'appliquer aux colons.

CHAPITRE V.

MOYENS RELIGIEUX.

Refus d'indemnité complète, spoliation, injustice, impossibilité, voilà, pour des législateurs civilisés, pour nos législateurs, autant d'idées équivalentes. Cependant, par quelque face que l'esprit aborde cette question d'indemnité réelle, inévitable dans tous les systèmes, c'est pour la voir se hérisser de difficultés insurmontables. Mais si l'on s'avisait de seconder la nature au lieu de la forcer, de favoriser l'émancipation graduelle, d'en accélérer, avec tout le zèle de la prudence, les progrès quotidiens, en un mot de l'amener au lieu de l'imposer ; ou bien si l'on se bornait à vouloir la décréter à l'époque, où le nègre, transformé par l'éducation, doucement vaincu par des habitudes devenues nature, donnera, par ses mœurs, à la société coloniale, toutes les garanties désirables de l'ordre et du travail, ces immenses et insolubles difficultés financières se trouveraient singulièrement amoindries, rapetissées. La médiocrité même y rencontrerait une tâche à la juste mesure de ses forces.

Il ne s'agit, on va le voir, ni d'un rêve sous forme de proposition, ni d'une fin de non recevoir ou d'un plan de procrastination. C'est l'histoire de la civilsation en main que nous demandons à notre siècle, éclairé des lumières les plus pures *de la raison religieuse*, de jeter les yeux sur les enseignements du passé et de travailler à l'accomplissement d'une œuvre dont un nombre d'années, fort restreint, peut amener la complète réalisation. « Est-on fondé à déclarer impossible ce qui n'a jamais été essayé *sincèrement*, sans réussir au-delà de toute espérance (1). »

En un mot, ce n'est point par un système nouveau que nous cherchons à supplanter, à paralyser des systèmes antérieurs. Nul exercice d'imagination, surtout, n'a fatigué notre cerveau. Nous avons vu ce qui est ; ce que d'autres ont aussi bien vu, mieux vu, sans doute, et nous l'exprimons en nous y arrêtant d'une manière plus exclusive, heureux de renoncer aux expérimentations aventureuses d'un système, pour suivre, modestement, les certitudes d'une théorie. Mais l'usage veut que, dans le discours, une différence sans cesse décroissante, et déjà trop peu sensible, distingue un système d'une théorie. Et cette similitude apparente est une des causes d'erreurs les plus fécondes que l'expérience signale.

Expliquons-nous afin de répandre plus de clarté dans nos paroles. Un système, dirais-je, c'est un ensemble de principes et d'idées coordonnées d'après l'opinion que nous nous formons de leur vérité et de leur rapport. L'esprit de l'homme fait les systèmes. Je ne conteste point leur utilité provisoire ! — La théorie, au contraire, se trouve toujours toute faite, sinon toute rédigée. On la découvre en ouvrant les yeux. Elle est ce corps de principes et d'idées naturellement coordonnés, et dont l'expérience nous fait connaître, par degrés, la vérité et les rapports. Elle est l'idée, le plan de tous les *ordres de faits* qui nous frappent en ce monde ; elle précède donc les faits, mais peu d'esprits sont assez fortifiés, par des habitudes d'attention, pour la voir et la saisir à cet état primitif. C'est une gloire assez grande, déjà, que de la forcer à sortir pure et entière des faits qui la contiennent. Et comme il arrive au plus grand nombre des esprits, faute de clairvoyance, de prendre une *situation*, souvent confuse, pour un *ordre de faits*, la fausse théorie qu'ils en font jaillir, attribue à un *ordre imaginaire* de principes des faits sans ordre, sans rapports soutenus avec ces principes et sans connexion mutuelle. Ils prennent le voisinage pour la relation, confondant l'accidentel avec le nécessaire, commettent d'énormes erreurs de raisonnement, et ces erreurs, ils les imposent avec tout l'aplomb d'une consciensieuse assurance aux masses ébahies et toujours prêtes à se figurer que les raisonnements sont de la raison.

(1) Rap. de Broglie, p. 155.

C'est ainsi, par exemple, qu'il se rencontra tout une école de publicistes décidés à faire sortir du pêle-mêle des faits dont se compose la constitution Anglaise, un ordre complet et pur de principes.

De là ces règles étranges, répandues au sein de l'Europe et copiées, disait-on, d'après nature; ces règles du gouvernement représentatif qui n'a jamais existé dans cette île qu'à l'état de fiction, ou de mensonge!

De là, enfin, le discrédit dans lequel les esprits paresseux ou faibles ont fini par plonger les théories, en les ravalant au rang des systèmes. C'est que la vérité ne se trouve jamais sans efforts; il existe des règles certaines, un signalement positif pour la découvrir; mais il est moins fatigant et plus doux de l'ignorer et de la méconnaître. Quoiqu'il en soit, ces théories dont la fausseté se révèle aux esprits attentifs, ne détruisent pas plus la valeur des théories réelles que de mauvais raisonnements n'infirment la valeur des raisonnements logiques. Ici donc, quant à ce qui nous concerne, faisant appel aux esprits prévenus dont nous invoquons la justice, nous les conjurons d'examiner, à un jour tout autre que celui de leurs opinions toutes faites, si l'ordre général des faits de la civilisation dément ou infime l'ordre général ou la théorie des *principes religieux*. L'étude leur dira si la société, formée et cimentée par ces principes, n'est point un état où les facultés physiques et morales de l'homme rencontrent, à chaque pas, les plus merveilleuses facilités de développement, pressées qu'elles sont, par tout ce qui les entoure, de se diriger vers leur plus haut degré de perfection?

Elle leur dira, s'il ne faut point voir au contraire, plutôt des associations éphémères ou turbulentes que des sociétés véritables dans les états où la civilisation n'a point établi son règne; c'est-à-dire là où n'existe point cet ordre immuable de principes.

Et ces principes ne sont point de facture humaine; on ne les crée point, on les découvre; ils sont éternels, antérieurs à l'homme, indépendants de l'homme; l'homme ne peut ajouter ni retrancher à aucun d'eux sans les fausser, c'est-à-dire sans retarder la civilisation, sans la pousser dans des voies rétrogrades. Ce fût le rôle des passions dans les siècles qui précédèrent le Christ. De là, entre tant de maladies sociales, la plaie profonde de l'esclavage et d'un esclavage dont le nôtre ne peut même faire deviner les rigueurs.

C'est de la vertu de ces principes que naît cette charité, cet amour inconnu de l'antiquité payenne et mortellement hostile à l'esclavage, parce que de tout homme, il fait, d'après la loi divine, une chair pareille à tout autre homme; une chair descendue d'un père commun, un esprit pareil échappé des mains d'un commun créateur. Nul étonnement, donc, si l'histoire proclame en eux, dans tous les temps, les seuls agents qui aient jamais dompté les hommes en les rappelant à leur nature oubliée, en leur apprenant leur origine, et leurs rapports naturels d'homme à homme et de tous à Dieu.

Les barbares, autrefois, ne se sont rendus et ne se rendent encore, de nos jours, cela est bien digne de remarque, qu'à cette religion de la plus savante simplicité, parce qu'elle leur découvre, dans son sein, l'énigme de leur être. Mais, à côté de ces barbares, il exista jadis des hommes, non point civilisés, mais policés, c'est-à-dire qui, par des connaissances profanes, par des sciences incomplètes et fausses avaient exercé et poli l'esprit sans l'éclairer, sans l'élever, du moins, par les grandes et sublimes pensées à la hauteur des vérités sociales et religieuses ; des hommes dont les préceptes de l'amour intelligent du christianisme n'avaient ni amolli ni réchauffé les cœurs. Eh bien ! ces hommes, plus dépravés que les barbares ; les plus impitoyables de tous les maîtres, n'ont délié les liens de l'esclavage qu'au jour où un frère, digne de leur estime et de leur amour, leur apparut dans ce misérable qu'ils avaient jusque-là moins considéré comme un vil objet que comme un néant. *Non tàm vilis quàm nullus.* Et ce fait, l'œuvre de la religion, son chef-d'œuvre, ne s'est point accompli subitement, par une révolution, par un de ces coups de tonnerre que le Christ réprouve ; ou même, simplement, « au milieu d'une situation périlleuse arrivant accompagnée d'un malaise inévitable (1). » Non ! des âges beaucoup moins éclairés que le nôtre ont vu s'opérer ce prodige, sûrement et doucement, parceque la religion qui défend la route du mal pour arriver au bien ; qui, jamais, n'a restauré l'ordre détruit par le désordre, la religion en attaquant le principe de l'esclavage en avait respecté le fait.

(1) Rap. Toc., p. 21.

Les lumières incontestables et les dispositions de la société actuelle ; la force et l'étendue des moyens de la religion assureraient de nos jours à la marche de la civilisation par l'affranchissement, des progrès autrement rapides, à coup sûr, que ceux qui firent tomber les liens de cet esclavage mitigé, connu, dans les siècles les moins éclairés, les plus guerroyants, les plus barbares de l'histoire moderne, sous le nom de servitude.

Dans les temps même les moins favorables, chez quelque peuple que vous tombiez, à quelque famille, à quelque individu que s'arrête votre œil scrutateur, si vous avez assez de force d'esprit pour saisir la vérité, assez de courage pour la confesser, pour dérober, s'il le faut, votre tête aux couronnes d'éphémères (1) de la popularité, au lieu de la suivre humblement et chapeau bas, vous vous empresserez de le reconnaître et de le proclamer : jamais la civilisation, essentiellement hostile au principe de la servitude, n'a dépassé d'une coudée le terrain des principes religieux. Eux seuls la créent, cette civilisation, et leurs conséquences est le nom qu'elle porte.

Et comme, dans le cas actuel, il s'agit de conduire le maître, par la raison, à l'affranchissement de l'esclave ; et, bien plus encore, de détruire dans l'esclave tout ce qui constitue la servitude, servitude de l'esprit et du corps, les penchants mauvais, les vices, les habitudes anti-sociales ; en un mot, comme le but de l'émancipation est de rendre semblables à nous, de *civiliser* des êtres dont les facultés exigent une puissante culture, ce n'est point à l'impuissance humaine, éclatante dans tous les âges, dans tous les systèmes et dans tous les actes, c'est aux principes mêmes de la civilisation que nous devons demander les prodiges qu'ils enfantent.

Quelques témoignages, quelques exemples récents appuieront utilement des raisonnements qu'au milieu du peuple le plus civilisé, il paraît inconvenant, il est impossible même de ne point croire familiers à la plupart des esprits. Ces témoignages et ces exemples, la justice veut que nous le disions d'une voix haute, abondent dans tous les projets, dans tous les systèmes auxquels l'opinion publique a reconnu quelque élément de consistance. Nul homme n'a voulu, n'a osé trancher du législateur sans asseoir,

(1) L'éphémère est une plante de la Virginie.

par un côté du moins, son œuvre sur un sol capable de résister.

Il n'existe, en vérité, de dissentiment que dans l'application, dans l'importance, plus ou moins grande accordée à l'influence des moyens religieux. Voyons, par exemple, quelle fut à cet égard la conduite de l'Angleterre.

« Depuis 1807 elle n'a cessé de s'occuper de ses colonies à nègres. L'esprit religieux et principalement le zèle des sectes dissidentes, surtout des frères moraves, des méthodistes, des Baptistes, y a multiplié les missions, les instructions, les chapelles et les écoles (1). »

Et cependant, quels prodigieux avantages nous assureraient les enseignements de la religion catholique romaine sur les moyens religieux de l'Angleterre. On doit, avec l'honorable M. de Carné, le conclure de cette vérité dont le langage parle aux yeux : « c'est qu'il est démontré par une expérience réitérée qu'une mission protestante n'a jamais pu se maintenir en face d'une mission catholique sans attenter à la liberté de celle-ci « (2); et cessons vite de nous en étonner, car « on entre dans les missions anglaises à peu près comme dans les consulats, pour se créer, loin de sa patrie, une position indépendante et pour transmettre à ses enfants l'héritage de ses services. Il n'y a rien » dans une telle spéculation, « rien absolument de cette ardeur dévorante qui jette le jeune prêtre catholique, seul et sans appui qu'une croix de bois, sur ces terres » où l'attendent les cruelles résistances de l'apathie.

« Les établissements subventionnés par les sociétés bibliques ne peuvent subsister qu'en restant seuls maîtres du terrain. Pour eux la concurrence est impossible et la liberté serait la mort. Ceci est confessé, si loyalement, par tous les missionnaires épiscopaux et méthodistes, qu'aucune contestation sérieuse n'est à craindre sur ce point (3). »

Combien donc est-il à déplorer que cette supériorité de ressources ait été, par nous, si tristement méconnue. Car « en ce genre, tout a été négligé dans nos établissements. Le nègre Anglais a donc communément plus de religion,

(1) Rap. Rémusat, id. p. 1749, col. 3.

(2) M. de Carné, des intérêts français dans l'Océanie. Revue des Deux-Mondes, avril 1843.

(3) Id.

plus d'idée de la loi et de la puissance publique que le nègre de nos îles moins capable certainement, de recevoir l'émancipation (1). »

Et, cependant, l'éducation religieuse et morale du nègre Anglais était *complètement rudimentaire et insuffisante* lorsque vint fondre sur ces îles ce grand acte de la politique, plutôt encore que de la philanthropie anglaise; acte qui livre, à la fois, le nègre, et la société dans laquelle on le jette, aux dangers d'une vie pour laquelle rien encore, à peu près, n'était consciencieusement préparé.

Le gouvernement français, moins fanfaron de philanthropie, mais plus humain, avait mieux compris ses devoirs antérieurement à la terrible époque de nos discordes civiles. Le code noir, malgré l'empreinte bien naturelle, sans doute, du temps où il a été rédigé ; ce code qui, dites-vous, traitait, en fait de châtiments, le nègre à peu près *comme on traitait* le Français d'alors, « se souvient de l'âme (2) du nègre et prononce, en sa faveur, des prescriptions religieuses dont l'exécution serait, encore aujourd'hui, un progrès véritable » c'est ce code qui donne au mariage religieux des nègres, une régularité, une authenticité que notre législation civile n'a pas osé répéter. »

Mais, depuis, au contraire, à cette question : le gouvernement s'est-il occupé « d'améliorer, d'élever la condition intellectuelle et morale des esclaves, d'encourager le mariage, de seconder la formation de la famille, de répandre et de fortifier l'instruction religieuse? » rien que cette désespérante réponse : « Sous tous ces rapports les colonies ont été presque entièrement abandonnées depuis 1793 (3). » « Le clergé y est trop peu nombreux, *trop livré à lui-même*, et quelquefois, *choisi avec trop peu de soins*. Il manque d'autorité et ne cherche point à en acquérir. » Ici pourraient s'élever de terribles accusations — je me tais !.

Est-ce, ou non, le gouvernement que ces paroles incriminent? Cette accusation ne retombe point sur les planteurs, que je sache ! eux « qui se prêteraient aisément à

(1) Rap. Remusat, id. p. 1746, col. 3. Monit. juin 1838. Consultez le rap. de Broglie, p. 202, dans ses conséquences.
Liberté et travail, ou moyen d'abolir l'esclavage, par l'abbé Hardy, s^{r}. du Saint-Esprit, p. 62, 63, 145, etc. — Rap. de Broglie, vices de l'esclave anglais, émancip., p. 208 à 215. — Perplexité de l'Ang., p. 286, etc.

(2) Rap. Rémusat, p. 1747.

(3) Id. Rap. Rémusat. — Id. consultez le rap. de Broglie, p. 121, 123.

toutes les mesures, même à *toutes les dispositions réglementaires destinées* à protéger la religion pourvu qu'on eût soin d'y intéresser les conseils coloniaux (1). » C'est aussi à l'intervention, c'est même à l'initiative de ces conseils qu'il faut recourir pour obtenir des encouragements au mariage; c'est-à-dire la pratique des enseignements religieux dans la constitution de la famille par l'union de l'homme et de la femme.

Mais l'esclavage, cet état provisoire et préparatoire doit porter le poids de tous les torts. Écoutez ; « Comment éclairer et fortifier la raison d'un homme, tant qu'on le retient dans un état où il lui est inutile, et où il pourrait lui être nuisible de raisonner (2) ! »

Inutile et nuisible de raisonner ! Voilà ce que la raison déclare impossible, à quelqu'état d'abjection que vous abaissiez l'humanité ! La raison, mais surtout la raison religieuse, commence toujours par adoucir le sort du nègre et lui ouvre, ensuite, par ses conseils, les portes de la liberté. Oh ! si le nègre périssait tout entier, comme la brute, il pourrait, en certains cas bien rares, lui devenir cruel de prêter une oreille docile à la raison. Mais ne le dépouillons pas de son âme. Cette religion dont vous réclamez avec nous les bienfaits, et qui, par son caractère d'universalité atteint le cœur et l'esprit de l'homme dans tous les états, dans tous les temps, dans tous les lieux, cette religion se présente pour armer et orner le nègre de vertus dont le dissuaderaient les faux calculs des passions ; et nous pouvons le répéter, sans crainte de démenti, il est rare que le maître manque aux habitudes coloniales en refusant d'encourager par la liberté, que souvent, le nègre *refuse d'accepter*, l'exemple des qualités et des vertus qui sont la prospérité et le nerf de son habitation.

La religion chrétienne éclata dans le monde au sein d'un esclavage tellement barbare que le nôtre n'en rappelle que le nom. Cette religion *universelle* (catholique), et c'est là son principal caractère, c'est-à-dire instituée pour tous les hommes, a sanctifié des milliers d'esclaves, et des esclaves de l'espèce la plus brute, de la trempe la plus réfractaire. L'expérience a prouvé qu'elle sait tout aussi fruc-

(1) Id. Rap. Rémusat. — Consultez id. rap. de Broglie, p. 215 à 217.

(2) Rap. de M. de Tocqueville, p. 4, session de 1839.

tueusement, et sans efforts, atteindre le nègre dans les plus intimes profondeurs de son âme.

L'insuffisance du sacerdoce, considéré du côté du nombre et de la qualité surtout, ne présente pas un obstacle sérieux. D'une part, il dépend de vous d'augmenter les moyens, si vous voulez augmenter l'effet, et de l'autre, il vous suffit de vouloir des réformes pour les avoir; nous les demandons sérieuses et nous espérons qu'à ce point le gouvernement voudra bien comprendre enfin tout ce qu'il y a de douleurs dans cette réticence!...

Les supérieurs ecclésiastiques, l'épiscopat ne resteront jamais sourds à votre appel. Hommes de génie et de loyauté de toutes écoles, vous n'avez point oublié les services rendus, au dehors, par les missions, à la religion et à la France! Faites un signe aux lazaristes, leurs prêtres, leurs sœurs de charité, ou bien d'autres religieux, d'autres prêtres, d'autres auxiliaires, les frères des écoles chrétiennes, des ordres obscurs encore, si ce n'est dans l'obscurité où coulent les larmes de la misère, vont se rendre dans vos îles, et, sous l'inspiration de l'esprit qui les anime, la face de la terre y sera bientôt renouvelée. Mais qu'une nomination dans les îles ne soit jamais une faveur; qu'un prêtre se garde bien d'y poser le pied s'il oublie que le sacerdoce est un état d'abnégation!

Qui vous empêche, si vous y voyez l'ombre d'un avantage, de substituer au prêtre isolé le sacerdoce *régulier;* ces communautés soumises, d'ailleurs, au contrôle du pouvoir temporel où le zèle des ministres, périodiquement réunis, s'entretient, se réchauffe et s'anime par une incessante réciprocité de surveillance et d'exemples? Les maîtres eux-mêmes vous feraient bientôt voir de nouveaux hommes dans leur personne, si les obstacles pouvaient naître de ceux qui vous conjurent de les applanir. Mais ces pensées déjà, sur ce point, en harmonie avec les nôtres, cèdent cependant encore à l'empire d'une crainte exagérée. « Dans plusieurs des pays où les Européens ont introduit la servitude, les maîtres se sont toujours opposés, soit ouvertement, soit en secret, à ce que la parole de l'évangile parvînt jusqu'aux oreilles des nègres (1). »

Jusqu'à un certain point cela s'explique. En effet, avant les mesures sérieuses relatives à l'émancipation, nous voyons

(1) Rap. Tocq., p. 5.

ces préjugés anti-religieux régner dans leur plénitude aux îles anglaises. Et voilà qui se conçoit.

Car le protestantisme, chargé d'y répandre l'instruction, se forme d'un mélange de religions sans liens ; de religions dont le nombre égale celui des membres qui les composent : proposition toute simple puisque le protestantisme, ennemi par essence du principe d'autorité, le rejette pour livrer chaque homme à la souveraineté de sa raison individuelle. De là tout individu conséquent avec lui-même ne doit suivre que son propre raisonnement, doit se servir de pape et de concile, doit former à lui seul sa seule église.

Qu'enseignera-t-il dès-lors? ce qu'il croira. Le contraire de ce que son voisin enseigne, inspiré par le même esprit d'indépendance ; c'est-à-dire on ne sait quoi. Mais, à coup sûr, il n'enseignera pas les vérités catholiques ou universelles, c'est-à-dire qui sont les mêmes pour tous les temps, pour tous les lieux, pour tous les hommes.

Il enseignera donc des vérités de circonstances, ou des vérités variables et qui, dès-lors, ne sont plus des vérités. Or, lorsque le vent de l'indépendance vient à souffler, l'esprit d'indépendance et non point de liberté, qui anime toutes ces sectes, doit tendre à se répandre avec fureur. Dans ces cas la voix du ministre prêche des droits dont la raison, le plus souvent, ne se trouve que dans l'esprit du ministre ; et presque toujours elle se tait sur les devoirs. De là la terreur des maîtres, leur animosité contre des (1) ministres dont la bouche sème la révolte et la ruine. Mais ces antipathies n'ôtent rien à l'impétuosité du torrent. L'émancipation est devenue un fait imminent. Elle arriverait sans les ministres et plus terrible s'ils la livraient sans direction à la fougue naturelle de ces écarts. Tous, d'ailleurs, ne prêchent pas une doctrine également redoutable ; et, comme d'une part l'influence ou la tolérance du maître ajoute à la force de la parole ; comme de l'autre, rien ne serait plus effroyable au monde que le déchaînement de sauvages sans notions de morale, et que, si les fausses religions sont une calamité, la plus grande de toutes les calamités, c'est l'absence complète de toute religion qui entraîne l'absence complète de toute morale, on finit par se sentir tout rapproché ; il se fait des accommodements tacites ; on se recherche ; et l'on s'efforce de tirer l'un du

(1) Rap. de Broglie, p. 108, 119.

maître, tout ce qui peut sortir de bien pour la civilisation et le bien-être du nègre ; l'autre du ministre, tout ce que sa conscience et son orgueil peuvent imposer au nègre de respect pour la personne et les droits du colon (1).

Ce que nous décrivons s'est opéré

Cette nouvelle situation permit aux missionnaires anglais de s'emparer de l'esprit *naturellement religieux* du nègre et de le plier à des habitudes généralement meilleures ou moins mauvaises. — Or, si le premier spectacle du travail des missionnaires anglais (2) avait effrayé le colon des Antilles françaises, trop ignorant des avantages de sa religion une (3), positive et invariable dans ses enseignements ; le dernier aspect des colonies anglaises a vaincu sur ce point les tristes préjugés qui s'étaient emparés de quelques esprits (4).

Grande et déplorable serait l'ignorance des maîtres, s'ils craignaient le christianisme, « parce qu'il (5) est une religion d'hommes libres, » s'ils redoutaient qu'il ne vînt « à réveiller dans l'âme des esclaves quelques-uns des instincts de la liberté. » Car ce sont les instincts de cette sage liberté qui importent au salut du maître !

Le christianisme également favorable au maître et à l'esclave est une religion d'hommes libres ; mais surtout, de cette calme et forte liberté d'âme qui se jouait au milieu des bagnes de l'esclavage ancien. (*Ergastula.*)

Et que l'on veuille à ce sujet, me permettre une confidence. Je l'adresse au public notre juge. J'ai surpris mon secret dans le dépouillement de la correspondance des apôtres. Ecoutez :

«Serviteurs, obéissez en tout à ceux qui sont vos maîtres selon la chair, ne les servant pas, seulement lorsqu'ils ont l'œil sur vous, comme si vous ne pensiez qu'à plaire aux hommes, mais avec simplicité de cœur et crainte de Dieu. Faites de bon cœur ce que vous ferez, comme le faisant pour le Seigneur et non pour les hommes. Celui qui agit *injustement* recevra la peine de son injustice et Dieu n'a *point d'egards à la condition des personnes* (6). »

(1) Consult. le rap. de Broglie, p. 106, etc., 109, 218, 219.
(2) Consult. le rap. de Broglie, p. 93, 94, 135, 136.
(3) M. de Carné, *vide suprà.*
(4) Consult. le rap. de Broglie, p. 215 à 220, etc.
(5) Rap. Tocq., p. 5. — Id. rap. Rémusat, p. 1749, col. 3. *Legem perfectam libertatis,* Saint-Jacques, ch. 1er, v. 25, ch. 2, v. 12.
(6) Saint-Paul aux Colossiens, ch. 3, v. 22, 23, 25.

» Exhortez les serviteurs (*servos*) à être bien soumis à leurs maîtres, à leur complaire en tout, à ne les point contredire, à *ne détourner rien de leurs biens*, mais à leur témoigner en tout une entière fidélité, afin qu'en toutes choses, ils fassent honneur à la doctrine de Dieu notre Sauveur (1).

» Avertissez-les (il s'agit ici du maître et de l'esclave), d'être soumis aux princes et aux magistrats, de leur rendre obéissance, d'être prêts à faire toutes sortes de bonnes œuvres, de ne médire de personne, de *fuir les contentions*, *d'être modérés*, et de témoigner toute espèce de douceur à l'égard de tous les hommes. Prêchez ces vérités (2).

» Esclaves, soyez soumis à vos maîtres, non-seulement à ceux qui sont bons et doux, mais aussi à ceux qui sont rudes et fâcheux ; car, ce qui est agréable à Dieu c'est que, dans la vue de lui plaire, nous endurions les peines qu'on nous fait souffrir *injustement*. Aussi quel sujet de gloire aurez-vous, si c'est pour vos fautes que vous endurez les mauvais traitements ! Mais si en faisant du bien, vous souffrez avec patience, c'est là ce qui est agréable à Dieu... Il a souffert pour nous, vous laissant un exemple... quand on l'a maltraité il n'a point fait de menaces (3). »

» Que tous les esclaves soient soumis au joug, regardant leur maître comme digne de tout honneur, de crainte que le nom du Seigneur et de sa religion ne soient blasphémés (4). »

Que ceux qui ont des maîtres fidèles ne les méprisent pas, parce qu'ils sont leurs frères, mais qu'ils les servent au contraire encore mieux... voilà ce que vous devez leur enseigner... si quelqu'un enseigne une doctrine différente de celle-ci et n'embrasse pas les saintes instructions de N.-S. J.-C. *il est enflé d'orgueil ; il ne sait rien.*

Je ne découvre vraiment pas un mot dans ces paroles qui soit de nature à faire trembler les maîtres, et à ne pas rassurer les esclaves. Joignant l'acte à la doctrine, St-Paul *renvoie* à Philémon, son esclave Onésime, qui s'était enfui, et s'exprime en ces termes : « La prière que je vous fais est pour mon fils Onésime... qui vous a été *inutile*, mais qui

(1) Saint-Paul à Tite, ch. 2, v. 9, 10.

(2) A Tite, id. ch. 3, v. 1, 2., ch. 2, v. 15.

(3) Saint Pierre, épît. 1re, ch. 2, v. 18, etc., à 23.

(4) Saint Paul à Thimot., lect. 1re, ch. 6, v. 1, 2, 3, 4.

maintenant, vous sera *fort utile.* » Pourquoi ? Est-ce parce que St Paul, apôtre « d'*une religion d'hommes libres* (1), » l'entretenait de discours familiers aux sociétés d'abolitionnistes ?

Les discours apostoliques n'offrent même, à ce qu'il paraît, aucune similitude avec ceux dont l'ordonnance du 5 janvier 1840, a fait retentir la chaire destinée à la prédication des Ecritures. L'unique effet de ces prédications fut de répandre dans les esprits, l'agitation et le mécontentement. La voix du prêtre, lorsqu'elle sonne juste, ne laisse tomber le nom des droits de l'homme que dans l'oreille du prochain de cet homme, en lui inculquant ses devoirs. — Dieu qui veut cela connaît l'homme !

Les maîtres qui possèdent quelque notion du christianisme, religion d'hommes vraiment libres, mais libres surtout des mauvaises passions que produit l'ignorance, ne peuvent craindre qu'il réveille dans l'âme de leurs esclaves, des instincts de la liberté, telle que l'entendent, non point d'honorables publicistes, mais les hommes de violence qui les commentent. Et l'esclave qui écoutera la voix du ministre des Écritures saintes, cette voix qui pénètre à l'âme parce que sa parole en sait la route, cet esclave se gardera bien de redouter que le christianisme ressère ses liens ; car le christianisme étend, par sa sainte doctrine d'égalité, l'émancipation de l'âme, la liberté de l'âme à celle du corps. Il donne donc un maître au maître : la loi de Dieu, le *père commun* ; il donne donc à l'esclave un frère dans ce maître. Et si le christianisme respecte, cependant jusque dans la servitude, des droits légaux, contraires à sa propre essence, c'est qu'il est contraire à son essence de violer, soit un seul, soit plusieurs principes : les principes de l'ordre et de la propriété, par exemple, pour hâter de quelques instants le triomphe d'un autre principe. C'est qu'il lui répugne de chercher la route de l'ordre par le désordre qui ne peut y conduire ; c'est que la douceur de sa nature frémit à l'idée de briser *ce qu'il lui est si facile de dissoudre.*

Voilà le christianisme des apôtres et non de quelques prêtres insuffisants par la doctrine et par le zèle. Quand à la grossièreté des notions religieuses du nègre, telle est la qualité de toutes ses notions ; telle aussi celle du paysan

(5) Rap. Tocq., p. 5. *Legem perfectam libertatis*, Saint-Jacques, ch. 1er, v. 25, ch. 2, v. 12.

de plus des neuf dixièmes de notre fière Europe ; et, moins qu'à ce dernier, le temps doit manquer au noir si votre volonté veut, aussi fermement que la nôtre, que le noir s'éclaire. Il ne vous reste donc qu'à choisir de dignes ouvriers évangéliques, pour spiritualiser le disciple. Tout doit marcher alors d'une marche plus vive, puisque ce sont les révolutions qui, en arrêtant l'essor de la religion dans les colonies, ont arrêté l'essor de la liberté qu'elle enfante. M. de Rémusat se plaît à ce loyal aveu. Ecoutez derechef : sous le rapport religieux , « les colonies ont été presque entièrement abandonnées depuis 1793 (1). »

Quelques soient d'ailleurs les dispositions particulières des maîtres, le premier devoir des Gouvernements, c'est de tarir la source des misères sociales ; et cette source, c'est l'ignorance des devoirs qui enfante les vices et les crimes. Cette ignorance, la religion seule la dissipe, parce qu'elle est la science des devoirs ou des obligations. (*Religat.*) En liant les hommes à leur devoir, elle les lie les uns aux autres, elle fonde la seule morale qui ait sanction, parce que son fondateur, qui *est juste, a puissance* et *avenir*.

Le gouvernement doit donc soumettre les maîtres à l'obligation de laisser donner à leurs nègres l'instruction religieuse (2) ; et ce devoir réciproque, d'offrir et de recevoir les enseignements de la religion ne datera point du jour actuel ; « le code noir est formel à cet égard (3). » M. de Rémusat reconnaît que ses dispositions, tombées en désuétude, seraient encore un véritable progrès sous le rapport religieux.

Que si certains maîtres, aveuglés par une fausse délicatesse, ou bien plutôt, empressés de se soustraire à ce devoir, alléguaient un respect exagéré pour la liberté de conscience, rappelons-leur que « si les noirs ne sont pas des brutes» (4), ce ne sont pas non plus des hommes faits ; ce sont des enfants qu'on ne peut conduire à la connaissance et à la pratique des devoirs que par l'ascendant de l'autorité et l'habitude de l'obéissance. « Si l'on attendait en France, pour mener des enfants à l'école ou au catéchisme, qu'ils le demandassent, ou simplement qu'ils y consentis-

(3) Rap. Rémusat, Moniteur., p. 1749, col. 3.
(2) On ne dit point enlever au maître une partie notable du temps de travail du noir, *sous prétexte* d'instruction !
(3) Rap. de Broglie, p. 213. — Rap. Rémusat.
(4) Rap. de Broglie, p. 214.

sent; si on livrait en France, les enfants pendant leurs heures de loisir, à l'oisiveté et au libertinage, sans aucune précaution, sans aucune protection, les blancs seraient en France, ce que sont les noirs dans nos colonies (1). »

Sans donc attenter à la conscience du nègre, il faut lui ouvrir l'esprit en présence des vérités de la religion. Il faut faire en sa faveur, ce que nous faisons pour nos enfants. Nous nions le droit d'imposer à des hommes faits, l'obligation de pratiquer une religion, mais c'est un droit et un devoir, le premier de tous, de ne point vouer l'enfance aux désordres de l'athéisme, en la privant des lumières et des règles de conduite d'une religion.

Le noir est profondément religieux (2)... cette différence entre le nègre religieux par nature, mais enfant du côté de l'esprit, et nos populations européennes instruites par la parole et *par l'exemple*, mais si souvent prévenues contre le zèle des ouvriers évangéliques, annonce la différence qui doit exister entre la délicate position du missionnaire européen, condamné dans l'intérêt de ses travaux, aux lenteurs et aux précautions d'une excessive prudence ; et la position moins difficile, du prêtre civilisateur aux Antilles. Car l'état présent des colonies, porte à croire que les répugnances antireligieuses de quelques colons, répugnance que l'intérêt, à défaut d'autres sentiments, rendrait une stupidité brutale, seraient aussi rares que le sont l'ignorance et l'inhumanité de ces mêmes hommes si fréquemment calomniés. Mais l'esclavage abrutit l'homme et contremine l'action des principes religieux ! Voilà qui est encore de dogme chez les partisans, à tout prix, de l'émancipation immédiate. Tout relatif leur est absolu.

Ecoutez donc dans son interrogatoire, M. le président de la deuxième commission :

« Croyez-vous que les nègres, tant qu'ils restent dans l'état d'esclavage, qui tend à abrutir l'homme, soient susceptibles d'une éducation morale et religieuse (3) ? »

Un peu de réflexion, un peu de lecture, à défaut d'un petit voyage aux Antilles, dispenserait de cette naïve question. Aussi M. le président ne se l'est-il permise que pour l'acquit de sa conscience, et dans le dessein impartial d'ins-

(1) Id. V. au rap. p. 214, 215.

(2) Rap. de Broglie, p. 155.

(3) Rap. Tocq., p. 65.

truire le vulgaire par la réponse qu'il attendait. Cette réponse la voici :

« Je le crois; je pense que les esclaves, dans l'état où ils sont, peuvent être facilement instruits. S'il y a une situation propre à la préparation, c'est celle-là. Je crois que le clergé est le meilleur moniteur de civilisation qu'on puisse employer maintenant vis-à-vis d'eux. Dans toute autre situation, il n'y aurait pas moyen de les atteindre. Les besoins étant fort peu de chose, le travail n'en découle pas naturellement. Il n'y a donc pas moyen de saisir une population si vagabonde (1). »

La parole d'un voyageur spirituel, et dont j'ai presque en tous cas, constaté la véracité dans sa description des Antilles, rendra cette vérité non moins palpable (2).

« La servitude des Africains aux Antilles, loin de les abrutir, les élève et les ennoblit plus que je ne saurais le dire. Les nègres qui passent de l'esclavage *absolu* des maîtres *sauvages* et *idolâtres* à l'esclavage modéré et *réglé* de maîtres chrétiens et civilisés, doivent faire un progrès sensible dans leur façon de sentir et de penser. Quand on est barbare, on ne se mêle pas impunément à la civilisation. »

Et l'une des meilleures preuves de cette assertion, tous les voyageurs peuvent l'attester, c'est que l'on regarde «comme une grande aristocratie d'être nègre créole (3), » ou né aux colonies. « L'on n'a pas d'idée des supercheries comiques que les nègres nouveaux inventent pour se donner entre eux l'insigne distinction placée dans la qualité de créole. »

L'état d'esclavage ne tend donc point, nécessairement, et par sa nature, à l'abrutissement de l'homme; souvent il prépare l'homme à la civilisation comme l'enfance le prépare à la virilité.

Mais ce n'est point assez d'un témoignage; quelqu'opiniâtres que soient les préventions, elles se dissipent aux rayons de la lumière en les provoquant. Grâces, donc, soient rendues à M. le président dont la sagesse a conduit l'enquête dans la direction de cette voie lumineuse (4).

« Croyez-vous qu'il soit plus facile de préparer, pour la

(1) Rap. Tocq., p. 65. M. de Cools.

(2) Voyage aux Antilles, Globe, 24 novembre 1841.

(3) Id. Voyage aux Antilles, 27 octobre 1841, Globe. — Voir id. Duclary, p. 37.

(4) Rap. Tocq., p. 69.

liberté, les nègres créoles qui sont *nécessairement* dégradés par la condition dans laquelle ils sont nés et ont vécu, que les nègres de traite ou d'Afrique, qui n'ont d'autres défauts que ceux partout inhérents à l'état sauvage? »

Réponse. — « Je suis convaincu que le nègre créole est supérieur au nègre d'Afrique (1); la race en contact avec la race européenne a prodigieusement gagnée sous l'influence de la *religion chrétienne*, l'esclavage est devenu, pour la race africaine, le premier pas fait dans la civilisation ; » et, le premier instituteur de ce nouveau venu d'Afrique, esclave *ou libre* de naissance, c'est ce même nègre créole, dont le titre n'est point celui d'une sinécure! L'instituteur doit-il être au-dessous du disciple?

« Le nègre créole est très-intelligent et plus propre à la liberté que le nègre africain. Mais, peu à peu (2), la race africaine s'éteint et, avec elle, les dernières traces de la barbarie. »

« Les nègres créoles sentent tellement (3) leur supériorité, qu'ils forment une aristocratie parmi les esclaves. »

Enfin « il sera d'une difficulté extrême de (4) donner des habitudes morales aux nègres après leur émancipation. Les obstacles seraient, alors, en quelque sorte, insurmontables. Lorsque les esclaves sont réunis dans l'habitation et sous l'action du maître, *ils peuvent être astreints* à recevoir une éducation commune. Mais, une fois en liberté, ils ne dépendraient plus de la loi dont l'action ne peut descendre dans les habitudes et les détails de la vie privée. »

« Je crois les nègres de nos colonies (5) très-susceptibles d'éducation et de moralisation. L'action du clergé est très-puissante sur leur esprit, et j'ai la conviction qu'elle pourrait les amener dans un temps assez rapproché à des habitudes d'ordre, *de famille et même de travail.* J'en ai fait personnellement l'expérience, et je crois que l'influence de la religion est *la seule efficace* pour leur *entière civilisation.* »

La race nègre est donc susceptible de civilisation (6); mais « le pouvoir de la loi serait impuissant sur cette race

(1) Rap. Tocq., M. de Cools, p. 69.

(2) M. de Jabrun, rap. Tocq., p. 69.

(3) M. Vidal de Lingendes, rap. Tocq., p. 70.

(4) M. Vidal de Lingendes, M. de Saint-Georges, Rap. Tocq., p. 70, 66.

(5) M. de Jabrun, rap. Tocq., p. 65.

(6) M. de Cools, rap. Tocq., p. 72.

si elle n'était pas préparée à l'émancipation par la constitution de la famille. »

Travail et mariage religieux ou irrévocable, conditions fondamentales de la famille, puis de la société civilisée, voilà deux impossibilités contre lesquels *tous les efforts ont échoué;* dont la première ne cède qu'à la contrainte ; mais qui, l'une et l'autre, dès que la religion parle, n'hésitent guère à se rendre.

Vainement l'intérêt, si puissant sur nos actes, avait-il porté les propriétaires à user de tous les moyens en leur pouvoir pour décider leurs nègres au mariage ; rien ne pût triompher de cette antipathie et l'on peut concevoir combien elle est contraire à la fortune du planteur.

En effet « le nègre (1) étant naturellement très-porté pour les femmes se forme des liaisons, soit sur l'habitation, soit ailleurs » et presque toujours ailleurs. Car cet homme dont il s'agit de briser les fers, est aussi libre que l'air sur l'habitation du maître, lorsqu'une fois les heures de travail sont accomplies. Et dès lors, « les nuits qu'il passe avec sa maîtresse ; l'aller et le retour, et quelquefois d'une habitation très-éloignée, le fatiguent et l'énervent. Il travaille faiblement pour son maître et peu ou point pour lui ; souvent se dérange et se nourrit mal, son jardin (2) ne rapportant plus. »

Vainement les maîtres, lassés pendant une époque, paraissent-ils avoir repris cœur. « Il n'est pas de moyens qu'on n'emploie pour les déterminer à se marier. Conseils, instances, caresses, rien n'y fait. J'ai interrogé une négresse qui avait onze enfants du même nègre et qui avait toujours refusé de l'épouser. Elle ne me donna pas d'autres raisons, sinon qu'elle ne voulait pas (3). J'ai consulté beaucoup de prètres sur cette répugnance ils m'ont tous répondu qu'on ne pouvait amener au mariage *que ceux qui s'étaient laissés prendre aux choses de la religion.* » La religion, seule, dompte le sauvage et l'esclave ; les faits ne nous manqueront point.

(1) Manuscrit d'Adrien G. des Mousseaux, gentilhomme ordinaire du Roi, capitaine aux hommes d'armes, armée des princes : qui a passé 7 ans dans les Antilles anglaises et françaises, dégagé de tout intérêt (de 1795 à 1802. Ce manuscrit, rempli de documents précieux concorde avec la plupart des écrits modernes et des témoignages contemporains que j'ai trouvés les plus véridiques, p. 22. Je citerai cet écrit par l'abréviation : Man. patern.)

(2) Voyez au ch. : État du Nègre, ce que c'est que son jardin.

(3) Voyage aux Antilles, 29 octobre 1841.

« Nos institutions coloniales n'ont (1) point encore favorisé autant qu'elles l'auraient dû le mariage des nègres. Il faut dire, cependant, que sur ce point, la volonté individuelle des maîtres a quelquefois essayé de faire ce que la loi ne fait pas. Mais les nègres ont, le plus souvent, échappé et échappent encore à cette salutaire influence. » Est-ce donc vraiment « qu'il existe une antipathie profonde et naturelle entre l'institution du mariage et celle de l'esclavage (2) ? » Pas le moins du monde et c'est là, puisqu'il faut le dire, *une de ces sentences* que la réalité désavoue. Et cependant, de sentences pareilles, que nous jugeons au jour des faits, on a construit l'échafaudage de maints systèmes ingénieux et faux au lieu d'embrasser une bonne et simple théorie ; au lieu de la dégager et de la reconnaître, comme nous étions en droit de l'attendre d'hommes d'un talent incontestable.

Eh bien ! non-seulement nous voyons la religion *se jouer* de cette antipathie *profonde*, mais encore dans l'état actuel des choses, MM. les Délégués s'accordent dans cette réponse motivée que le rapport mentionne : « Il y a, proportion gardée, plus de mariages contractés (3) dans la population esclave que parmi les nouveaux libres. » Donc « l'émancipation n'est pas opportune en ce sens, qu'il faut préparer d'abord les esclaves à la vie de famille par une éducation religieuse et morale (4). Il y a chez nos esclaves tous les sentiments de la famille ; on ne sépare jamais les familles. Le mari et la femme ne peuvent être vendus séparément et les esclaves mariés sont, presque toujours, l'objet d'une prédilection marquée de la part des maîtres. »

De nouvelles sentences viennent intrépidement heurter l'autorité de ces faits et de ces observations. Vos yeux vous disent que le mariage est plus fréquent chez le nègre esclave que chez le nègre libre. Eh bien ! « Un homme ne se marie point quand... ses fils doivent naître ses égaux... (5) » Et l'on veut qu'il se marie lorsque des projets qui se disputent la sanction de la loi déclarent l'enfant supérieur aux auteurs de ses jours en dotant de la liberté la première heure de son existence !

(1) Rap. Tocq., p. 3.
(2) Rap. Tocq., p. 3.
(3) V. rap. Tocq., p. 67. Délégués.
(4) Rap. Tocq., p. 68. Délégués.
(5) Rap. Tocq., p. 3, 4.

Non, vous dira du haut de la tribune M. Mauguin (1), auquel la voix d'un député rappelle l'intervention prochaine des erreurs de la dernière commission ; j'ai lu le rapport, et si ses conclusions arrivent devant la chambre je me montrerai leur plus ardent adversaire. Pas plus que vous je n'appuie l'esclavage, mais je ne veux pas que l'esclave dont on brise les fers soit un inconvénient, un danger pour la société dans laquelle on l'introduit ; vous n'avez rien fait pour préparer l'émancipation, vous n'avez pas songé à faire des citoyens de ces esclaves, et vous pensez qu'il vous suffira de dire sois citoyen ; comme le payen, au bois ou au marbre : sois Dieu ! Rendez donc ces populations dignes de recevoir le bienfait de la liberté. Organisez d'abord la famille, car si vous émancipez les enfants, comment voulez-vous qu'ils regardent leurs pères qui restent esclaves. Vous voulez rendre la liberté à ces hommes et vous détruisez parmi eux la famille. »

Malgré plus d'un demi-siècle d'indépendance, la république Haïtienne nous laisse voir ce vice inséparable de la paresse et de l'oisiveté, la *débauche*, qui n'est point l'esprit de famille, régnant encore en souveraine, sur les basses classes, c'est-à-dire sur la très-grande partie de ses citoyens, au sein de cette nuance de population que formeront exclusivement les noirs émancipés, les nouveaux nés de la liberté (2).

C'est que, de quelque côté qu'on aborde la question, tout ramène invinciblement, à la nécessité urgente de « cette éducation morale et religieuse dont il est susceptible, et qui ferait aimer le travail, les liens de famille et les bonnes mœurs, » à cet homme « d'ailleurs facile à gouverner, » mais que l'indépendance n'affranchit pas de ses vices ; car « l'insuffisance des moyens ordinaires de police a déjà fait exprimer, partout, dans nos colonies, le besoin des lois spéciales contre le désordre et le vagabondage des nouveaux libres (3). »

Ce nègre que l'esclavage doit *nécessairement* dégrader, selon la doctrine des systèmes, c'est, au contraire, la liberté qui le ravale, lorsqu'elle vient le saisir avant que la religion l'ait réintégré dans sa nature d'homme. Nous serons

(1) Séance de la Chambre des Députés, du 28 juin 1843.

(2) Voy. le grand diction. de Piquet, tome 4, 2e partie. Haïti 1828.

(3) M. de Cools, rap. Tocq., p. 72.

sobres d'exemples, « mais il en est un frappant dont je puis parler, celui des nègres de Bosch, déserteurs de Surinam, dont l'indépendance a été reconnue par le Gouvernement Hollandais... Depuis long-temps ils sont libres (1). Les luttes qu'ils ont soutenues auraient dû leur donner de l'énergie. Ils viennent, quand ils veulent, à Paramaribo, capitale de la colonie, ils ont donc sous les yeux la civilisation. Ils ont les moyens de s'instruire dans la religion, dont les secours sont à leur portée, et, cependant, loin de faire quelques progrès dans la civilisation ils sont retombés dans l'état sauvage. Ils vont nus la plupart du temps...»

Il est utile d'étudier, dans l'ouvrage intitulé : Résultat de la liberté des noirs à Cayenne de 1794 à 1803, par M. Ar. Aubert (2), les funestes effets de la libération subite des esclaves. L'abandon de la culture, la ruine des habitations, la famine, la décroissance de la population, l'augmentation des crimes, voilà quelles furent les conséquences, en dépit des efforts successifs (3) tentés par les agents de la convention et du directoire.

« Il est constant, pour ceux qui connaissent l'état actuel de l'esclavage aux colonies, que les mêmes faits se représenteraient *si l'on ne prenait pas les moyens de préparation que nous demandons*... Il y a une distance (4) immense entre un système qui domine complètement la volonté de l'homme quand au travail, » le système religieux « et celui qui laisse cette volonté libre errer sans direction. » Confirmons encore cette vérité par quelques exemples, les preuves ne peuvent emprunter trop de formes.

Les persécutions de la république ont expulsé l'abbé du Hamel de la Guyane; il se rend à Ste-Croix. Les esclaves de l'habitation de Montpellier vivaient dans la plus grande insubordination. Le prêtre y entre, parle, et tous les cœurs sont gagnés. Les esprits s'ouvrent, une réforme incroyable s'est opérée, tous les nègres se livrent, avec ardeur, *au travail*, tous aiment leurs maîtres; cette habitation devient une des plus florissantes. Tous les nègres se marient, les familles vivent dans l'union la plus parfaite. Les enfans sont

(1) M. v. de Lingendes, rap. Tocq., p. 93.
(2) Id. 94.
(3) Id. p. 95.
(4) Id. 94, 95.
(5) P. 95, id. — Id. l'abbé Hardy, direct. du sém. du Saint-Esprit. Liberté et Travail, p. 12.

élevés dans la crainte de Dieu (1) et *l'amour du travail,* » c'est-à-dire en hommes dignes de la liberté. L'abbé du Hamel ne borna point son zèle à cette habitation à laquelle il consacra six années. Il en attaqua plusieurs autres où il obtint des succès aussi prompts qu'heureux. L'abbé du Hamel revit, aujourd'hui, dans l'abbé Monnet ; il revivra dans autant de prêtres qu'il plaira au Gouvernement (2) d'en diriger vers les colonies, pourvu que les choix ne soient pas livrés aux caprices du hasard ou de la faveur. — L'administrateur d'une colonie française restait donc bien au-dessous de la vérité en traçant ces lignes (3) : six bons prêtres feraient ici plus que 400 hommes de troupes. Et, cependant, c'est à peine, dans nos colonies, si l'on compte un prêtre par paroisse !

Las-Case déterminait au roi, son maître, mille lieues de côtes et s'engageait, au bout de deux années, à l'aide de 50 missionnaires, de lui faire compter 10,000 fidèles sujets de plus, sans charger de chaînes des peuples libres, sans répandre une seule goutte de sang innocent (4).

Il est inutile de rappeler, avec le philosophe Raynal, les merveilles enfantées par les missionnaires de la religion chrétienne au Paraguay, chez les Moxes, au sein des peuplades les plus féroces de l'Amérique. A qui n'est familière l'histoire de ces prodiges ? et cependant « les Indiens sont peut-être » (5), sont indubitablement « moins faciles à civiliser que les nègres », parce qu'ils sont plus sauvages. Mais, ce qu'il est permis à bien plus de gens d'ignorer, c'est une vérité rappelée dans l'excellent rapport de MM. Huc et de Chazelles : « On se souvenait, dans les colonies (7), que les habitations qui avaient appartenu aux ordres religieux avaient toujours présenté des ateliers modèles sous le rapport de l'ordre, de la discipline et même du travail ; » et, cependant, que de réformes n'exigeaient point elles-mêmes quelques-unes de ces corporations religieuses en ces temps de décadence de la discipline !

Nous comptons peu sur cette moralité hâtive, sur cette

(1) L'abbé Hardy, id. p. 90, 94, 92.
(2) Rap. de Broglie, p. 153.
(3) L'Abbé Hardy, p. 48.
bé Hardy, p. 24, 25.
Rap. cq. M. de Saint-Georges, p. 97, année 1839.
., p. 68. M. v. de Lingendes.
(7) Hu p. 76.

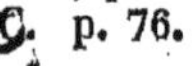

vertu de serre chaude que l'on fait éclore sous le souffle d'un prédicateur,» (1) dit M. Cochut, dont nous approuvons vivement l'opinion. « Ce n'est qu'à la longue, et par une pratique soutenue des devoirs sérieux que se forme, au sein d'un peuple, ce sentiment moral qui fait sa force et sa noblesse.» C'est donc la tradition de ces bonnes et religieuses pratiques qu'il importe de raviver, de soutenir. Et c'est le souvenir, tout vif encore de leur longue et puissante influence, qui a motivé cette question posée par M. le Président de la Commission de 1839.

« Les anciens ordres religieux possédaient des habitations à la Martinique. S'est-on aperçu que leurs esclaves eussent une meilleure conduite et fussent plus religieux que les autres ? » Vous avez pressenti la réponse.

Le nombre des familles y était beaucoup plus grand (2), la disposition des ateliers plus parfaite, et cela s'est maintenu. Le bon effet produit par ces ordres monastiques *se fait encore sentir malgré la longueur des temps écoulés et l'influence contraire* des temps qui ont suivi cette (3) époque.

Il y a eu, à la Guyane, des habitations considérables appartenant à des religieux. Ces habitations étaient très-bien administrées. Les religieux avaient civilisé même des Indiens, qui sont peut-être « moins faciles à civiliser que les nègres, » (4) par ce qu'ils sont plus sauvages.

« Le Président : Et vous trouvez que leurs nègres étaient meilleurs ? — M. V. de Lingendes : Ils étaient plus civilisés que les autres.

Voilà cette influence de la religion catholique si contraire à celle des intendants et des maîtres protestants anglais, qui, dans l'île de la Trinidad, feraient préférer aux missionnaires catholiques l'état d'indépendance sauvage, en quelque sorte, à celui où les retenaient ces hommes égarés (5). — Non, si les nègres étaient sérieusement préparés à la civilisation, par cette instruction religieuse, on ne verrait point, comme tout récemment encore, à la Jamaïque, le gouverneur, sir Charles Metcalf, signaler les cruels

(1) M. Cochut, p. 216, Revue des Deux-Mondes, *ut suprà.*

(2) M. de Cools, rap. Tocq.

(3) M. de Jabrun, rap. Tocq.

(4) M. v. de Lingendes.

(5) Annal. de la prop. de la foi, janvier 1840, n° 68, p. 46.

inconvénients de l'émancipation, et la méfiance réciproque des anciens maîtres et des anciens esclaves (1).

Enfin M. de Rémusat nous rappelle dans son rapport qu'il existe à la Guyane une belle habitation domaniale du nom de la Gabrielle. « Là on retrouve quelques restes de tradition religieuse (2); et ce qui est plus remarquable, sur 166 individus des deux sexes, au-dessus de 21 ans, 66 vivent dans les liens du mariage. »

A la Guyane encore, sous le gouvernement absolu et *religieux* de madame Javouhey, supérieure générale de la congrégation de Cluny, la petite colonie de la Mana s'est soutenue, ou du moins « le zèle et la fermeté de madame Javouhey étaient parvenus à maintenir, dans son établissement (3), l'ordre, l'union, le travail, et à donner aux noirs quelques habitudes religieuses. Les mariages étaient très-fréquents.

Ce n'est donc point, comme l'a prétendu M. Odilon Barrot, l'esclavage qui détruit la famille ; bien au contraire, il en facilite la constitution, grâce à l'instruction religieuse qu'il permet aux esclaves réunis et disciplinés de recevoir et de goûter.

Et la religion, après avoir constitué la famille, constitue la société tout entière. On va le voir. Elle apprend, en effet, au nègre ce que ses instituteurs de toutes écoles devraient bien ne plus paraître ignorer.

C'est que la liberté vit de restrictions.

C'est que si la liberté permettait tout à tous ; elle permettait au fort et au faible ce que le fort, tout seul, se trouverait capable d'effectuer. C'est qu'elle attenterait au droit commun en fondant le règne d'une aristocratie rusée et violente. Car, dans toutes les réunions d'individus, les hommes forts d'esprit et de corps, ce sont l'exception, le très-petit nombre, c'est une aristocratie !

Et la liberté *légitime*, la seule qui soit liberté, celle qui devrait être l'âme de la liberté légale, le résultat des lois humaines positives, dérive de la loi universelle, longtemps méconnue dans les ténèbres au sein desquelles elle jetait ses lumières. Elle dérive donc de la loi qui fut instituée pour tous les temps, pour tous les lieux, pour tous

(1) Nouvelles ann^s. de voy. — Id. 4e série, tome 1er, p. 264, année 1840.

(2) Rap. Rémusat, p. 1748, col. 1re.

(3) Id., id.

les hommes : de la loi de Dieu donc, ou des grands principes généraux de la société dont l'esprit se réduit en dernière analyse, à ces très-simples et substantielles paroles : amour mutuel, amour de Dieu.

Et, non-seulement, les principes de cette liberté résident à la portée des intelligences vulgaires, mais, ce qu'il y a de merveilleux, c'est qu'en répandre l'amour, c'est inspirer l'amour du pouvoir !

Car le pouvoir est le ressort visible des sociétés; or, la religion apprend à l'homme qu'il est un être éminemment sociable; et, la prospérité, la perfection des sociétés, c'est évidemment la plus grande somme possible de liberté pour les êtres qui les composent. Eh bien ! la religion ennemie d'une indépendance sauvage, qui se traduit par la fainéantise et d'odieux excès; la religion, en inspirant l'amour et la science d'une liberté sage et vraie, inspire donc l'amour du pouvoir. L'homme religieux est donc l'homme éminemment civilisé et social ! Rendre le nègre religieux, ce sera donc constituer sur les bases les plus solides la société coloniale; la régénérer, au lieu de la jeter dans une myriade d'alternatives dont la moins défavorable est un désordre. Lorsqu'aux certitudes de l'argumentation, se réunissent la certitude des faits, des exemples, de l'histoire, est-il raisonnable ou non d'insister sur l'adoption exclusive du projet de l'émancipation par les moyens religieux au sein de l'esclavage; puisque déjà, l'esclavage est une discipline propre à conduire par une voie rapide à une discipline plus parfaite.

S'agit-il de tracer ce plan, (et nous sommes loin, en le proposant, de mépriser les perfectionnements industriels et économiques propres à le soutenir); consultez, non point un homme, mais les hommes appelés à en diriger l'exécution. — Le Gouvernement détermine les régions que doit traverser une route, puis, lorsqu'il est question de tracer le plan, d'aviser aux moyens de la rendre solide et directe, de l'ouvrir enfin, il fait appel à la science spéciale des ingénieurs. L'exemple est sage.

L'exemple est sage, mais jusque-là seulement. Gardez-vous, pour ce qui suit, d'une imitation servile et matérielle.

Ne dites point aux ouvriers évangéliques : nous vous donnons tant d'années pour accomplir votre tâche; voilà votre limite dans le temps (1). Ce laps écoulé, nous exigeons la livraison de vos travaux. Ils ne pourraient s'y engager sans folie ; car leur tâche n'est point celle d'un architecte chargé d'aligner des pierres, et dont la science suppute mathématiquement jusqu'aux plus faibles résistances de la matière inerte. Il est au-dessus de leur pouvoir de vous donner un devis exact de l'état futur de ces pierres vivantes dont se formera l'édifice que vous les chargez de construire. Laissez le temps à ces ouvriers rapides d'étudier le terrain, les choses, les hommes, les caractères, les préjugés, les intérêts et les passions, le maître et l'esclave.

De ces notions diverses ils feront sortir et combineront leurs moyens, car les moyens ne peuvent avoir l'unité ni la simplicité de la cause. Peu d'années suffiront ; mais, combien ? s'il vous faut, à toute force, une réponse rigoureusement exacte, faites venir un prophète ! sinon, ne craignez point d'accepter, un peu plus tard pour juges de l'opportunité de l'émancipation, des hommes au zèle desquels on n'a jamais reproché que trop d'ardeur ; des hommes impartiaux par état, consolateurs naturels des afflictions, et qui, par conséquent, s'ils se laissent entraîner à quelque faiblesse, ne savent mollir qu'en faveur du parti le plus malheureux, c'est-à-dire le plus digne d'indulgence.

Brusquer, c'est convoquer le hasard aux conseils de la prudence, et placer sur un coup de dés, l'existence des colonies. C'est risquer de rompre le traitement au milieu d'une cure infaillible, dont le médecin seul est le juge et le maître. Et sans parler, une fois encore, des principes de la haute morale, c'est jouer, ou le grand et fondamental principe de la justice politique et civile, ou les millions de la France (2).

En effet, s'il vous est donné d'organiser le travail par les préceptes de la religion qui, seule, oblige et lie l'homme au travail, dans les régions où le climat lui permet de vivre exempt de labeurs, l'émancipation ne vous engage plus à indemniser le planteur que de la valeur unique de son nègre (3). L'indemnité se trouve diminuée de tou-

(1) Consultez M. Jubelin, ancien gouverneur de la Guyane et de la Guadeloupe, cité dans Théorie et Pratique, p. 11 à 16.

(2) Voir le chap. Indemnité.

(3) Voyez le chap. de l'Indemnité et les impossibilités qu'elle entraîne,

tes, les chances de bénéfice que lui offre la certitude du travail libre moyennant un salaire modéré et la fondation de familles fécondes d'agriculteurs. Et, croyez-le bien, dans ce cas, le colon, délivré de deux fléaux : *l'esclavage*, et l'imminence de sa ruine, ne voudrait ou ne pourrait élever de ridicules prétentions.

Mais si, *emportés par la fougue d'une malheureuse confiance*, vous prétendez forcer la nature et lui *imposer votre heure*, au moins, alors, redoublez d'efforts, organisez et réglez vos moyens, pour les laisser se décupler encore, s'il se peut, par le jeu d'une concurrence libre et provoquée, dont vous vous réserverez seulement de diriger et de modérer l'action, d'accord avec les notabilités coloniales.

Si ce projet, où la possession du cœur de l'homme et la régénération des colonies, *œuvre de circonspection et de sagesse*, semblent devenir le prix de la course ; si ce projet ne s'offre point aux ardeurs de votre empressement avec toutes les apparences de la perfection, les circonstances que vous tenez à *décréter législativement*, (1) lorsque la nature vous les refuse, en légitimeront peut-être l'idée finale. Car telle est l'importance du but que l'on ne saurait par trop de moyens et d'efforts, s'évertuer à l'atteindre.

Et dans ce cas, la religion catholique, par la certitude et l'invariabilité de sa doctrine, offrirait à la concurrence, contraire aux règles de l'unité, moins de facilités de désordres et de confusion que ne l'ont fait les sectes dissidentes dans les Antilles livrées aux missionnaires anglicans.

(1) Rap. de Broglie. Voir le manuscrit.

CHAPITRE VI.

ÉTAT MORAL ACTUEL DES COLONIES.

Si l'esclavage dégrade et abrutit l'homme, si la liberté le régénère, notre esprit admettra, sans répugnance, que le temps, par la grâce unique de son cours régulier, fait éclore dans l'âme de *l'affranchi* les qualités et les vertus inhérentes à l'état de civilisation.

L'esclave est libre, enfin; la raison lui permet de raisonner « *sans qu'il puisse lui être nuisible de le faire.* (1) Il nous appartient de le juger dans ce nouvel état.

Le spectacle d'une moralité plus grande, d'une sécurité plus parfaite, s'est-il offert, dans les possessions françaises depuis la rapide progression des affranchissements de noirs; aux Antilles anglaises depuis l'émancipation définitive ?... Nous aborderons, à part, la grande question du travail.

..... Les colonies! « Est-il un autre pays où la société ait trouvé plus de sécurité et de confiance en elle-même (2) ; un autre pays où l'on parcoure les grandes routes, la nuit, sans redouter les voleurs ; un autre pays, enfin, où le propriétaire reste seul, chez lui, sans aucune défense, à la discrétion de ses esclaves, tous armés de coutelas ? »

Car « les créoles vivent perpétuellement au milieu (3) de leurs nègres ; la nuit ils en ont toujours un ou deux qui

(1) Voyez le rap. Tocq., p. 4.

(2) Duclary, p. 9.

(3) Voyage aux Antilles, octobre 1841. — Id. Huc et C., p. 64. — Id. Manusc. patern., p. 47.

dorment dans leur chambre et qui savent où se tiennent les bijoux, la bourse, l'argenterie. Il n'y a pas aux maisons une porte qui ferme, et, à cent pas de l'habitation, se trouvent cent cinquante à deux cents nègres armés de coutelas. Voilà les créatures que les philanthropes européens représentent chargées de chaînes, déchirées par le fouet, le cœur plein de haîne et de vengeance contre le maître. Quels hommes, en Europe, oseraient faire coucher des domestiques armés dans leur chambre, à côté d'eux et de leur argent? »

« M. de Châteaubrun, ancien officier des armées impériales, m'a dit qu'en cas de soulèvement et de révolution, il n'hésiterait pas à armer lui-même ses nègres et à se mettre sous leur sauve-garde. Et M. de Châteaubrun n'est pas le seul qui m'ait donné pareille assurance. (1) »

« C'est que l'influence morale du maître sur l'esclave africain a été une tutelle nécessaire » et efficace. « Avec une patience admirable (2) elle a, durant un laps de plus de deux cents ans, greffé, un à un, sur cette nature sauvage, les premiers devoirs de l'homme envers Dieu, envers ses supérieurs, envers ses semblables. »

Et c'est cette influence qu'il convenait d'utiliser au profit de l'éducation religieuse, afin que le nègre, instruit qu'il allait se devoir, à lui-même, ce que naguère lui devait son maître, devînt capable de se posséder, de se guider, de jouir de la liberté sans enivrement ; en un mot, de porter la main sur le cœur d'un maître sage, bienveillant et bon pour son sujet, en portant la main sur son propre cœur.

Mais au lieu de cela « les déclamations des (3) abolitionnistes, reproduites à la tribune nationale et par la presse, ont suscité les mauvaises passions. »

« L'ancien système colonial est tombé en dissolution devant la triple aggression dirigée, à la fois, contre son régime de production, contre son régime de travail et contre l'état des personnes (4).

Tout croule, tout se décompose dans des contrées naguère florissantes. Et pourtant, les ressources de ces contrées, *bien loin d'être épuisées*, s'accroîtraient dans une pro-

(1) Voyage aux Antilles, 29 octobre 1841.

(2) V. Duclary, p. 8.

(3) Rap. Huc et C., p. 64.

(4) J. Le Chevalier, p. 6, 7.

gression indéfinie, si la *sécurité* pouvait y renaître. Aujourd'hui, la propriété est sans valeur, les capitaux se retirent, la population décroît, *les travailleurs manquent au travail*, tous ceux qui ont les moyens de disposer de quelques ressources les réalisent et *abandonnent* le sol que les richesses accumulées pourraient et devraient féconder. Une seule chose s'est ravivée : c'est l'activité des créanciers justement alarmés du dépérissement progressif de leur gage. »

Les fautes du gouvernement ont provoqué, ont déchaîné celles des individus. La fainéantise des noirs affranchis se montre partout invincible, parce que le dernier coup d'une éducation religieuse, vraiment solide et spéciale, ne les a point préparés aux enivrantes, où peut-être, aux énervantes épreuves de la liberté sous le soleil des tropiques. Et cette apathie, inconcevable pour l'européen, a promptement conduit aux derniers excès de la misère des hommes originairement habitués, pour la plupart, on peut le dire sans hyperbole, à la surabondance des ressources de la vie du corps.

C'est alors que leur oreille s'est ouverte aux mauvais conseils de la faim, violente conseillère : et, de ce moment, c'est aux greffes des tribunaux qu'il faut prendre position pour tracer l'itinéraire de la civilisation.

« Nos fastes judiciaires (1) témoignent assez de la multiplicité des crimes et des délits qui se commettent depuis 1830. Des enlèvements de bestiaux, jusqu'alors inconnus dans nos campagnes, se répètent chaque jour ; de jeunes affranchis de dix à quinze ans, s'organisent par bandes, dans nos villes, pénètrent dans les maisons, la nuit, à l'aide d'escalade et dérobent, avec une audace peu commune, tout ce qu'ils trouvent sous la main. L'autorité municipale se voit réduite à engager les habitants d'assurer d'une manière plus soigneuse et plus complète, la fermeture de leur domicile. Des maisons de débauche s'élèvent et s'organisent ; la pudeur publique s'étonne de l'établissement d'un trafic, nouveau dans ces contrées : celui de la prostitution à tout venant, qui jette aux égoûts de nos cités, les malheureux nouveaux-nés dont elle ne sait que faire. Il n'est jusqu'au crime d'altération de mon-

(1) Duclary, p. 15, 16. — Voir id. le rap. de Broglie : Les mêmes effets aux Antilles anglaises.

naie qui ne soit maintenant à l'ordre du jour. Aux assises de Saint-Pierre, en 1839, une jeune femme était accusée de vol domestique, avec circonstances aggravantes. Elle avoua que le produit de son travail étant insuffisant à sa nourriture et à celle de son enfant, elle s'introduisait, pressée par la faim, dans les maisons, à l'aide de fausses clés, pour y prendre des comestibles. Elle déclara, qu'étant esclave, il ne lui était jamais arrivé de se livrer à ces coupables habitudes, parce qu'elle se reposait alors sur son maître du soin de pourvoir à ses nécessités et à celles de son enfant. »

« Nous citons ici un exemple, (1) entre mille, pour prouver qu'au point de perfectionnement où est arrivé le régime des noirs, ce régime vaut cent fois mieux qu'une liberté qui conduit à la dégradation : » c'est-à-dire une liberté que le gouvernement n'a pas fait, ou ne ferait point précéder des habitudes enracinées d'une éducation vraiment morale.

Cependant, nous objectera-t-on, qu'est-ce que cette discipline des habitations?

« Les nègres des Antilles quittent » et ont quitté de tout temps « leurs cases presque toutes les nuits pour aller courir au loin et se livrer à la débauche, et c'est pendant *cette liberté des nuits* qu'ils se livrent au vol... (2) »

Cela permet, soit dit en passant, aux personnes dont la bonne foi frissonne au nom des chaînes de l'esclavage, de conjecturer qu'elle est la pesanteur de ces chaînes! L'imagination des européens les a forgées, (3) et grâce à Dieu, leur cœur seul en porte le poids.

Lorsque les amis d'une liberté trop promptement complète, demandent aux colons « pourquoi cette liberté si funeste à leurs esclaves? Ils répondent qu'ils sont hors d'état de la leur ôter. (4) »

« C'est à peine s'ils osent momentanément les en priver pour de grandes fautes; c'est la punition que le nègre redoute le plus, *son travail est une routine facile*, et si son maître lui demande plus, ou autre chose qu'il n'est accou-

(1) Id. Duclary.

(2) Rap. Tocq., p. 10.

(3) Il s'agit, on doit se le rappeler, non de la traite, mais de l'esclavage aux *Antilles françaises.*

(4) Rap. Tocq., p. 10.

tumé de faire, il le combat par la force d'inertie. Lorsqu'on insiste, il répond par le poison. En somme *ceux qu'on appelle esclaves* sont, ici, plus forts et plus heureux *que ceux qu'on appellent maîtres.* (1) Ils sont heureux à la façon des brutes, c'est l'existence qu'on leur a faite, » et c'est une parcelle de ce bonheur que vous demandent à mains jointes tous les malheureux de la fière Europe !

Disons-le de rechef : si le maître prétend réformer les abus, les nègres l'arrêtent « en empoisonnant les bestiaux. La terreur du poison est grande dans le pays ; par elle l'esclave *domine* le maître. (2) »

Oh donc! la terrible et l'inconcevable rigueur de cet esclavage « où l'esclave fait respecter ses droits avec hardiesse, (3) » où l'esclave domine le maître qui n'ose même s'opposer au vagabondage de ses noirs plus forts, plus heureux que lui!

Mais reprenons les faits de cet exposé pour y répondre.

Les nègres quittent leurs cases pour s'adonner à la débauche, soit : C'est que la discipline répugne aux moyens de la tyrannie. De cet abus, l'intérêt et les efforts des maîtres pour multiplier les mariages !

Les nègres quittent leurs cases pour se livrer au vol. — Soit encore, si vous entendez par là ces larcins d'écoliers, exprimés par un verbe qui, sur la langue de l'enfance, déride la gravité du juge (4). « Le nègre qui ne connaît que son ventre, sa maîtresse et sa toilette, » dérobe en effet avec autant d'adresse que de fréquence, des fruits, des légumes, des comestibles ; mais il y aurait erreur grossière à se figurer que, jamais, la sécurité de l'île ou d'une habitation ait périclité par suite de ces larcins.

On ne saurait assez le répéter, ces voleurs toujours armés de leurs coutelas, (5) inspirent des craintes d'une nature si singulière, que les maîtres dorment portes ouvertes, et ne connaissent, encore, d'autre gendarmerie, d'autres satellites, d'autres argus pour sauve-garder leur personne *et leurs biens !* ..

L'accusation d'empoisonnement mérite une considération plus sérieuse. La vérité force à le reconnaître : des

(1) Rap. de Broglie, p. 134.
(2) Rap. Tocq., p. 10.
(3) Rap. de Broglie, p. 201.
(4) Manusc. patern.
(5) Semblable aux sabres d'infanterie, usité pour couper les cannes.

planteurs ont compté de longs jours où la terreur du poison glaça leur âme ; car le sauvage africain est profès, au désert, dans la science de Locuste. Mais il faut ajouter, ce qui se conçoit, c'est que la cessation de la traite devint, à peu de chose près, la cessation de ce fléau. — Voulez-vous le contraire ?

Notre complaisance n'est point fatiguée ; mais, pourquoi donc, alors, décupler tout-à-coup le nombre des citoyens par l'émancipation d'une population d'empoisonneurs ? de monstres adonnés à l'empoisonnement pour se venger de la justice qui leur interdit le vol ? et le vol, non point nécessité par cet excès de misère encore inconnue dans nos colonies, et que la paresse de l'affranchi pourra seule produire au sein de l'indépendance ; mais le vol au sein de l'abondance que lui doit et lui exagère son maître ?

Ne serait-ce pas le cas d'attendre ; et si la bête que vous nous montrez est si féroce, la prudence veut-elle ou non qu'avant de la déchaîner on l'apprivoise ?

Cependant, ces formidables scélérats, ces noirs, ce sont les hommes que les colons redoutent le moins, *dans leur état actuel ;* ce sont ceux qu'ils aiment le plus, ce sont leurs gardes du corps, en un mot.

Il n'est qu'une haute imprudence politique qui soit capable d'altérer et de convertir en mal ces bonnes et bienveillantes relations. « C'est la pensée d'une émancipation prochaine qui travaille les ateliers et rend la situation pleine de péril, (1) » parce que cette pensée impatiente embouche la trompette pour éclater et sonne sur des airs de menace et de révolution au lieu de s'armer de sagesse et de force dans le silence des conseils.

Mais, répliquez-vous : « cette situation fait naître une partie des maux que la destruction de l'esclavage peut produire, sans amener aucun des biens qu'on doit attendre de la liberté. (2) »

Eh mon Dieu ! les biens d'une liberté intempestive sont précisément ceux que nous décrivons en décrivant les fléaux, inconnus jusqu'à ce jour, dont l'irruption étonne les colonies.

Après tout, la voix des publicistes empressés de décréter l'émancipation, nous paraît, ici, plus concluante que celle

(1) Rap. Tocq., p. 8.
(2) Rap. Tocq., p. 8.

des hommes dont les connaissances pratiques opposent, à des convictions de cabinets, la résistance des faits.

Bornons-nous donc à lire! « La question des engagés appelle, naturellement, l'attention sur la position et la conduite des nouveaux affranchis, de ceux, surtout, dont l'ordonnance du 12 juillet 1832 a fixé l'état. Suivant beaucoup de témoignages, ni l'une ni l'autre n'est satifaisante... (1). Les autorités locales n'ont mis nulle entrave à la facilité croissante des colons à prononcer des manumissions... Non-seulement une partie des libres de fait, émancipés par l'article 7, mais plusieurs de ceux des nombreux affranchis que la faiblesse ou le caprice a jetés dans la société libre, ont donné aux colonies le spectacle d'une vie oisive, misérable, et compromis la liberté en se montrant peu capables d'en user. »

La timide modestie du mot *plusieurs* n'enlève pas un scrupule à son poids. Il est équivalent à ces deux termes : presque tous, et le rapport se plaît à le reconnaître dans sa franchise *implicite;* car, ajoute-t-il, « c'est *une expérience* de fâcheux augure pour l'émancipation à venir. (2) »

Le rapport de M. de Rémusat ramène à celui de M. de Tocqueville et à cette interrogation de M. le président de la commission.

Quelle est, en général, la conduite des nouveaux affranchis?

M. de Cools adresse, d'une lèvre nette et précise, une réponse que nous croyons à la portée des esprits les moins métaphysiques : « l'immense majorité des nouveaux libres vit dans l'état de vagabondage et donne beaucoup d'inquiétudes à la société. (3) »

Et « ceux qui sont dans le vagabondage, comment vivent-ils ?

Quelques-uns ont recours au vol, d'autres sont à la charge des esclaves. Ainsi il est commun de voir un affranchi » pousser la lâcheté « jusqu'à vivre en concubinage avec une esclave ; et, cette femme nourrir de son travail son amant qui, devenu libre, n'a pas su trouver

(1) Rap. Rémusat, Moniteur, p. 1748, col. 2. — Id. Voyez surtout les rapports des fonctionnaires du gouvernement aux colonies. Broch., théorie et pratique, etc.

(2) Rap. Rémusat, p. 1748, col. 2.

(3) Voir le rap. Tocq., p. 72, 73. — Voir le rap. de Broglie aux faits analogues.

les moyens de vivre, parce qu'il n'a pas le courage de travailler. (1) »

A côté de cette bassesse d'âme de l'affranchi, comment se fait-il donc que, dans les liens de l'esclavage, qui abrutit l'homme, nous soyons contraints de voir quelques-uns des sentiments les plus honorables de la nature conserver leur caractère jusqu'au sein du vice. En effet « un nègre qui vit avec une maîtresse, met tout ce qu'il gagne à la parer. Le nègre qui s'est formé des habitudes, près ou loin de l'habitation de son maître, néglige son jardin pour, aux jours ou aux heures qui sont à lui, aller voir sa négresse et travailler pour elle. — Il travaille au jardin de sa négresse avec une grande ardeur. (2) » Voilà qui est galant, généreux, digne de l'homme libre ; et le libre, au contraire, se ravale bien au-dessous de l'esclave ; l'amour même ne lui donne pas de cœur! Sa maîtresse le paie, O vergogne! Décidément, c'est que la liberté du corps ne doit régner que concurremment avec celle qui, nous délivrant de notre ignorance et de nos vices, nous donne la raison pour maître.

« En ce moment, écrit l'abbé Hardy, (3) directeur du séminaire du Saint-Esprit, nous avons sous les yeux une lettre d'une personne de la Martinique, qui, depuis bien des années, vit au milieu des nègres; et qui, en leur faveur, ne cesse de multiplier ses sacrifices. » Citons le texte de cette lettre. « Les nègres, une fois libres, et il y en a beaucoup à présent, ne veulent plus travailler. — Alors ils tombent dans une extrême misère. Il y en a même qui sont secourus par les esclaves, qui, tant qu'ils le sont, ont toujours de quoi vivre. C'est un contraste assez frappant de voir arriver en ville, des esclaves de certaines habitations en bottes, en habits et pantalons de drap noir, tandis que ceux qui sont devenus libres et qui lorsqu'ils étaient esclaves, étaient, régulièrement, bien habillés, sont à présent en guenilles. Ce qui prouve que ce peuple est encore bien éloigné de la civilisation. Lorsqu'il n'est pas forcé au travail, *même par son propre intérêt*, il ne travaille plus. »

Dès lors l'extrême misère fond sur le libéré et, partout, on voit augmenter, comme à Bourbon, la fréquence des

(1) De Cools, rap. Tocq., suite de Jabrun.
(2) Manusc. patern., p. 17, 22.
(3) Liberté et travail, p. 123.

délits et des crimes, depuis que les affranchissements se sont multipliés en faveur d'hommes qui n'y étaient pas préparés (1).»

En un mot, d'une part, en attendant le jour où la moralisation des nègres permettra de les confier à eux-mêmes sans se rendre coupable de cruauté et de folie, « ces nègres sont abondamment entretenus par leurs maîtres. (2) » Ce maître c'est leur providence, excellente raison pour qu'il n'existe pas d'hôpitaux publics. D'autre part, « la grande quantité des affranchissements qui se sont faits, ont produit une population déjà considérable, à peu près sans feu ni lieu, (3) de laquelle sortira le régime des hôpitaux et des mendiants. » C'est à savoir ce régime où l'hôpital n'est pas une ressource offerte à une indigence irréprochable, mais où la population, devenue mendiante, oscille entre la charité des individus, exploitée par la ruse et l'effronterie, ou la charité du public.

Infanticides, hospices des enfants trouvés, hôpitaux refuge des deux extrémités de l'âge, refuge des infirmités délaissée par l'égoïsme, refuge de la paresse qui est l'égoïsme poussant ses excès jusqu'aux délaissements de soi-même; attentat contre les personnes et contre les propriétés, prisons, bagne, échafaud : voilà l'avenir! Il est présent! qu'il recule...

Science, talent, mérite, tout cela je m'estime heureux de le concéder aux hommes dont je combats l'imprudente précipitation; et bien plus, encore, que leur modestie ne le tolère; mais quelle science humaine n'a ses ombres et ses éclipses? Demain nous admirerons le côté lumineux de ces hommes; aujourd'hui nous cherchons à nous dégager de leurs erreurs.

Que s'il leur arrive de nous interdire le droit d'apprécier par anticipation les fruits de l'émancipation générale, nous voulons bien, par condescendance, accepter la défense, mais nous nous permettrons de leur rappeler que « dans les colonies (4) anglaises, ce genre d'émancipation a fait sentir plus vivement encore que le mode usité dans nos îles, le besoin de moyens répressifs du vagabondage. »

(1) M. de Saint-Georges, rap. Tocq., p. 74.

(2) Voyage aux Antilles, 30 octobre 1841. — Manusc. patern.

(3) Voyage aux Antilles, id.

(4) M. de Cools, rap. Tocq., p. 73, et mille rapports officiels!

En effet c'est avec une incroyable rapidité que se sont évanouies chez les nègres anglais certaines « habitudes d'ordre, d'économie, de prévoyance contractées pendant l'apprentissage. Ce ne sont pas, seulement, les colons qui les en accusent, se sont les magistrats et les membres du clergé leurs protecteurs naturels. » (1)

Ces habitudes, à peine formées, ont fait place à celle du luxe et de la sensualité toutes les fois que le permettent les fruits d'un travail rémunéré par un salaire exorbitant, et qui consomme la ruine irrémédiable du colon. Et ces vices ont conduit par une route rapide, à leurs excès : l'ivrognerie chez les hommes et chez les femmes; la passion du jeu, l'esprit de contention et de querelle, la dissipation sous toutes ses formes. (2)

« Il serait superflu de décrire la ruine qui menace les planteurs, mais nous invoquons sérieusement l'attention des amis de l'humanité sur la position des noirs. Nous les supplions de voir la *position dans laquelle se trouve placée la nation Anglaise* aux yeux du monde si le résultat de cette grande mesure est de plonger la population nègre dans un *abîme de misère et de corruption.* Qu'ils lisent l'enquête ci-jointe, en laissant de côté, s'il leur plaît, la déclaration des colons, et qu'ils portent, seulement, leur attention sur *celle des magistrats* et *du clergé !* » (3)

Il semble, enfin, que, partout, dans ces colonies incomplètement préparées, imprudemment (4) émancipées, soutenues par de vains efforts et auxquels ne se prête plus comme auxiliaire, la discipline des ateliers, seule capable de combattre par la répétition de la pratique, par la vigilance, par les soins assidus du maître, les vices de la nature et de l'habitude; il semble que, presque partout, la vérité applique cette phrase, sur laquelle nous arrêtons la conscience du lecteur, et qu'inspira la vue d'Antigues : « sous l'esclavage les mœurs étaient loin, sans doute, d'être régulières, mais le spectacle dégoûtant du vice ne se montrait pas comme il le fait aujourd'hui. » (5)

(1) Rap. de Broglie, p. 313.

(2) Rap. de Broglie, 291, 293, etc. — Rap. de Broglie, 314, 315, etc.

(3) Rap. de Broglie, p. 314, 315.

(4) Voyez le rap. de Broglie, p. 316, conséquences.

(5) Rap. de Broglie, p. 159. M. Layrle, capitaine de vaisseau, gouverneur de la Guyane. — Id. sur la Barbade, la Trinité, etc. — Voir théorie et pratique.

CHAPITRE VII.

LE TRAVAIL LIBRE.

Et pourquoi l'émancipation prématurée conduit-elle « la population nègre dans un abîme de misère et de corruption ? » c'est que cette émancipation tue le travail, ou ne lui imprime que la direction vicieuse du luxe et des passions. C'est qu'elle ne permet pas au nègre de fortifier son côté défectueux, parce qu'elle arrive trop rapidement sur lui pour qu'il ait contracté l'habitude de considérer le travail comme un devoir; le désœuvrement comme une faute capitale envers la société et envers lui-même. C'est qu'elle trouve le nègre privé de cette connaissance raisonnée du bien et du mal, répandue comme le principe de l'action *dans la masse* des peuples civilisés, et qui leur permet de discerner et de choisir. C'est enfin que, par cette émancipation, le nègre reste dépourvu de cette liberté d'esprit qui doit préparer et précéder la liberté du corps.

Mais il se trouvera peut-être encore une bouche pour répéter sérieusement cette sentence : le travail est le cachet de l'esclavage et voilà pourquoi la délicatesse du noir y répugne. S'il en était ainsi il n'y répugnerait pas moins après que pendant. Travailler ce serait conserver le signe et le stigmate de l'esclavage. Mais le noir raisonne avec ses idées et non point avec les nôtres; et pour lui, tout labeur est un mal que la nécessité seule fait accepter; de là sa franche haîne, la haîne de la fatigue et non point du signe de quoi que ce soit. Faites de l'oisiveté le signe de la plus dégradante servitude et le nègre l'acceptera de tout son cœur. La république Haïtienne a institué la fête du travail sans parvenir à en inspirer le goût. On ne l'honore que du bout des lèvres; toutes les fibres de la nature Africaine y répugnent.

Le désœuvrement est le cachet de la vie sauvage. L'incontestable abrutissement du sauvage n'a d'autre principe que sa paresse. Attaquez par ce côté la délicatesse du noir; dites-lui: cette brute indépendante (1) ce sera toi si sa paresse est la tienne; vous le verrez rire, et, s'il répond ce sera : *travail pas bon;* sauf, (2) quelquefois, le travail facile qui procure de bon champagne, des morceaux fins, de beaux habits et des jouissances grossières.

Assez d'autorités se sont mises en ligne pour nous prouver que s'il arrive au nègre de se marier et de travailler avec l'esprit qui anime le père de famille, ce n'est jamais que sous l'empire de l'idée religieuse ou de l'idée du devoir; c'est-à dire d'une nécessité morale Car, Dieu, seul, peut obliger l'homme. La loi de l'homme ne lie que parce que Dieu, voulant la société, en veut les deux êtres nécessaires : le pouvoir auquel il nous commande d'obéir, et le sujet sans lequel le pouvoir n'est rien. Sinon, toutes les volontés réunies n'ont pas *le droit* d'en obliger une seule. Il n'existe plus de devoir. La force règne, et la force, aux colonies, sachons le bien, ce serait bientôt le noir redevenu sauvage.

Tous les projets, formulés jusqu'à ce jour, nous ont représenté le travail libre salarié comme devant être, tôt ou tard, un des éléments de l'indemnité, dont la justice domine les esprits les plus prévenus. Le travail libre étant, d'ailleurs, le principe vital futur des colonies émancipées il est de notre devoir de nous assurer si la constitution morale du nègre permet d'attendre de lui ce travail, ou s'il faut ranger cette espérance au nombre des chimères. Commençons par apprécier les différents degrés de la liberté prématurée et les systèmes d'émancipation dans leurs résultats relativement au travail. Et puis, après, chemin faisant, attachons-nous à considérer un peu le nègre dans les côtés faibles de sa nature.

(1) *Note.* Si les nègres croyaient le sauvage au-dessus d'eux, tous les nègres se feraient sauvages ou marrons, rien ne les en empêche.

(2) Consultez le rap. de Broglie, p. 313 à 315.

Le rapport du philanthrope M. John Innes à Lord Glenelg, secrétaire d'état des colonies, surabonde en documents positifs. « J'ai fait choix d'un samedi (1) pour inspecter une habitation sur laquelle il y avait 300 apprentis qui, *dans les premiers temps, avaient été laborieux*. Ce jour-là, douze seulement, étaient au travail de leur morceau de terre. Tous les autres, quoique le temps fût magnifique, étaient restés à ne rien faire dans leurs cases... J'ai voulu connaître quel parti les maîtres tiraient, pour le travail des habitations de ceux que la troisième section du bill d'abolition a déclarés libres... Le résultat de mes recherches a été le plus complet désappointement. » Un homme et une femme sont les uniques travailleurs libres que John Innes rencontre sur des habitations. « Ce sont, dit-il, les deux seuls exemples qu'il m'ait été possible de découvrir, malgré mes recherches les plus actives de personnes devenues libres, n'importe à quel titre, et continuant à travailler à la terre *sur des plantations à sucre*. » (2) séparer cette vérité de sa date c'est la fausser, peut être ; nous sommes au temps de l'apprentissage.

« Un fait auquel, je l'avoue (3), je n'étais point préparé et que l'expérience m'a obligé d'admettre, c'est qu'avec tous les avantages que présente la Guyane anglaise pour la culture du sucre, l'ensemble des résultats obtenus n'offre que des opérations ruineuses.

Les planteurs de la Trinité sont unanimement d'avis qu'à l'expiration de l'apprentissage on ne peut espérer d'obtenir le travail nécessaire à la continuation des cultures. Je n'ai trouvé dans l'île de Saint-Vincent qu'une seule personne qui fût d'opinion que la période de l'apprentissage terminée, la population actuelle continuerait à travailler. » Ma tournée dans la Jamaïque a été très-longue ; j'ai recueilli dans tous les quartiers de l'île les informations que j'ai pu obtenir, il en est résulté pour moi la conviction (4) intime que la diminution graduelle de la culture de la

(1) (L'abbé Hardy, id. p. 141 : Liberté et Travail). — Id. parallèle entre les colonies françaises et colonies anglaises, p. 13. — Id. analyse des délibérations et avis des conseils coloniaux des gouverneurs et administrateurs sur les projets d'émancipation, p. 37, etc. — Id. théorie et pratique, etc., etc.

(2) Id. p. 142, 143 : Liberté et Travail.

(3) Id. Nouvelles Annales des Voyages, 4me série, tome 1er, p. 134, année 1840.

(4) Id. l'abbé Hardy, p. 144 : Liberté et Travail. — Id. les An. — Id. p. 264, année 1840.

canne pendant l'apprentissage et subséquemment la ruine complète de cette culture, sont inévitables, à moins de mesures décisives et immédiates qui propagent l'instruction des apprentis, et puissent fournir à l'industrie du pays les garanties d'un travail que la liberté menace de leur enlever. »

« Tout concourt à établir que le travail libre n'a pu être fondé (1) aux colonies et ne saurait encore y être fructueusement implanté. » Ailleurs, nous avons vu que le travail forcé, sous une autre autorité que celle du maître, c'était anarchie et révolte.

« Présentez au nègre les charmes d'une vie active et son influence sur le bonheur (2), dit un auteur dont l'opinion ne saurait être suspecte aux prôneurs de l'abolition, vous lui parlez un langage qu'il ne comprend pas : l'idée d'un plaisir acheté par des peines n'offre à son esprit qu'une contradiction. » Un nègre libre qui travaille est un phénomène. Ce n'est, en quelque sorte, plus un nègre ; il faut alors que quelque passion le métamorphose, à moins que la religion ne l'ait éclairé et touché.

Les faits relatifs à la diminution considérable, à l'abandon du travail, se sont, hélas ! confirmés de manière à justifier les prévisions les plus sinistres (3).

« De l'aveu même de lord Russel, la ruine complète des propriétaires est la conséquence du bill d'émancipation. » Le rapport de M. le duc de Broglie prouve que le sagace étranger n'a prédit que trop sûrement ! « Et si le déficit de la production, toujours croissant, n'a pas été plus considérable que ne le présentent en effet les états statistiques de la douane (4), » c'est que les fruits abondants et longtemps durables du travail esclave n'étaient point arrêtés par l'inertie du travailleur libre. C'est que la canne à sucre et le caffier ne cessaient point de croître et de produire du jour où le nègre cessait de remuer et de féconder le sol (5).

Tous les documents, dont la science politique et la bonne foi veulent tenir compte, concourent à prouver l'énorme et menaçante diminution des produits coloniaux. Cette di-

(1) Rap. Huc et C., p. 42.
(2) Rap. Huc et C., p. 43. — Id. M. Brougham.
(3) Consultez le rap. Huc et C., p. 45, 46. — Id. p. 82.
(4) Consultez le rap. de Broglie, p. 294 à 300, etc.
(5) Consultez le rap. Huc et C., p. 81.

minution entrait, sinon dans les calculs, au moins dans les prévisions de l'Angleterre. Nous berçons-nous de l'espérance d'une issue plus favorable dans nos îles si inférieures en population à celles des Anglais? Ecoutez :

« Si les hommes d'état de l'Angleterre prédisent (1), avec une satisfaction qu'ils ne prennent pas la peine de déguiser, le déplacement de la production du sucre, et son émigration de l'Amérique *dans l'Inde*, il faudrait être insensé pour espérer qu'ils la souffriraient se développer paisiblement, à côté de *leurs colonies ruinées*, dans les colonies françaises et espagnoles, au Brésil et dans les états du sud de l'union américaine.

Le gouvernement britannique sait et avoue que l'émancipation (2) a amené une diminution progressive et considérable dans la production du sucre (3).

M. E. Gladstone, sous-secrétaire d'état des colonies, disait le 13 mai 1841, dans la Chambre des Communes, avant l'abolition de l'esclavage : Nos colonies de l'Inde occidentale produisaient 30 à 40,000 tonneaux (4) de plus que l'Angleterre ne pourrait en consommer.

M. P. Howard : « Aujourd'hui nos colonies de l'Inde occidentale ne fournissent plus la quantité nécessaire à notre consommation. »

M. O. Baring : « Les colonies se plaignent de la diminution du travail (5) colonial et présentent la cessation comme prochaine.

M. Grant : « La grande expérience, l'abolition du travail esclave qui devait avoir les résultats les plus brillants, » par la substitution du travail libre, « a échoué. »

Ces aveux sont formels et clairs ; nous sommes loin d'en épuiser la source. Les aveugles le voient, par suite de ce changement de système qui devait fondre dans l'unité la plus parfaite la liberté et la richesse, le trop est devenu le trop peu.

L'Angleterre n'a fait « de ses affranchis que des citoyens paresseux et vagabonds, et c'est la Martinique, à l'heure qu'il est, qui fournit à Sainte-Lucie et à la Dominique le

(1) M. Jollivet, philanthropie anglaise, 1842, p. 8, 9, 10.
(2) Séance du 7, 10, 12, 13, 14 mai.
(3) Voir les renseignements du rap. de Broglie à ce suje p.290 à 300, etc.
(4) 30 à 40 millions de kilogrammes.
(5) Consultez id. le rap. de Broglie, p. 308 à 309.

sirop, le sucre et le café pour leur usage et qui, bientôt, sera appelée, ainsi que la Guadeloupe, à en fournir tout l'Archipel anglais (1). »

C'est ainsi que Saint-Domingue, où la terre travaille avec une si merveilleuse fécondité, « ne cultive pas du sucre pour ses besoins qui sont cependant peu considérables puisque l'usage du sucre est réduit à un petit nombre de personnes. » Depuis que l'on y « fête tous les ans l'agriculture on ne la pratique plus (2). »

Et cependant, si M. le duc de Broglie trouve mauvais que les colons prétendent imposer leurs pronostics, avec quelle réserve des hommes de cabinet doivent-ils se méfier de leurs prévisions !

Trois années avant la réalisation de ces faits, M. de Rémusat tenait ce langage dans son rapport : « Rien n'a paru justifier, à votre commission, les conjectures alarmantes qu'*on se plaît à former* aux colonies sur l'avenir des îles anglaises. Si le temps nous permettait de les passer en revue, vous les verriez dans une situation qui, sans doute, *a ses chances*, mais dont *on peut* bien augurer. » « Le travail n'a pas diminué, il est *moins cher*, et le produit augmente, » non point partout, il est vrai, puisque déjà vous admettiez, « avant que leur ruine fût évidente, » que sur quelques points, les délits enfantés par le vagabondage s'étaient multipliés et que, par suite, le travail moins actif et moins uniforme avait moins produit (3). »

Enfin lord Glenelg, celui même à qui le philanthrope John Innes, témoin oculaire, rend compte de la série de ses désappointements ; lord Glenelg écrivait aux gouverneurs : « Je me sens en droit d'affirmer que dans un court espace de temps il s'est opéré une amélioration pour la société, une augmentation dans la *somme du bonheur humain* dont l'histoire ne fournit aucun exemple. »

C'est qu'en effet l'histoire ne mentionne rien de pareil lorsqu'elle ouvre ses pages à la description du bonheur humain. Ou bien quel abîme entre cette date de 1838 et cette

(1) Duclary, p. 24 etc., se rapporter à la date.

(2) M. de Cools, rap. Tocq., p. 77, 78. — Id. Nouvelles administratives des voyages, 3me série, tome 12, Haïti 1835, p. 94, le rev. W. Hanna, partisan de l'abolition. — Id. Claussou : Précis Histor. avant-propos, p. X.

(3) Rap. Rémusat, Monit., 19 juin 1838, p. 1749, col. 2me. Voir par comparaison le rap. de Broglie, p. 290 à 298, etc., etc.

année 1841, qui retentit des aveux de la détresse et des désordres des colonies émancipées (1).

Cependant, si nous osons apprécier la timidité de certains passages du rapport de M. de Rémusat, la marche des événements, réalisés depuis, s'y dessine dans la triste expression d'une confiance bien autrement officielle qu'intime. Quelle défiance de l'avenir dans cette phrase lue par de vrais lecteurs : « Tout en reconnaissant que rien, dans l'expérience tentée par nos voisins, ne doit faire *désespérer de la possibilité* d'allier la liberté et le travail, etc. »

Toute l'espérance se réduisait donc à l'ajournement du désespoir.

C'est avec un tout autre sentiment de confiance que l'expérience des siècles nous permet de proposer les moyens religieux propres à réaliser cette alliance.

Les résultats ne s'étaient point montrés si décisifs encore, lorsqu'entre ces deux époques M. de Tocqueville laissait cette phrase s'introduire dans son rapport : « la science indique, et plusieurs expériences déjà faites dans l'intérieur même des tropiques, semblent prouver que la culture, à l'aide des nègres affranchis, peut devenir plus facile, plus productive et moins onéreuse que la culture, à l'aide de noirs esclaves (2). »

La science! mais quelles sont donc ces expériences et cette science qui se bornent à indiquer et à *sembler prouver une possibilité?* Nulle science, que nous sachions, dont les connaissances ne reposent sur des principes inébranlables, sur des axiômes qui ne discordent pas, d'une opposition perpétuelle, avec les faits.

Que dire encore si l'affranchi, lorsqu'il se livre au travail, ne s'y adonne, comme dans quelques colonies anglaises, que pour cultiver son propre fonds! Les habitations désertées par les bras du noir ouvrier comme par ceux du noir apathique en seraient-elles moins irremédiablement ruinées? Le sort des colons français sera-t-il moins horrible que le sort du planteur des Antilles anglaises, tel que la loyauté l'a tracé par la plume du noble duc? Et si vous tariffez le travail, la désertion offrira-t-elle moins d'appas au

(1) Consultez encore le rap. de Broglie, année 1843, p. 286 à 291, 309, 311, 313.

(2) La seule lecture du rap. de M. le duc de Broglie, est la complète réfutation de cette proposition, que tous les faits de l'expérience anéantissent, si nous en croyons les propres agents du gouvernement aux colonies.

nègre, *esclave du tarif*, qu'au nègre esclave du colon? Les entrepreneurs de désertion renonceront-ils à l'avantage de montrer à l'ouvrier français, travaillant pour un salaire raisonnable, le nègre anglais s'appropriant par un travail facile jusqu'aux dernières dépouilles de son maître! Que si vous hérissez de difficultés et d'épines, pour l'homme libre, la possession du sol; que si l'argent, le signe des échanges, perd sa vertu en touchant la main du noir, nous compterons bien une loi de plus, mais qu'importe au nègre. La recrudescence des désertions sera toute sa réponse aux sophismes législatifs.

De toutes parts sollicitudes! mais sollicitudes inutiles, peut-être, dans nos colonies, car le nègre ne travaille point sans contrainte! voilà la règle générale.

« L'immense majorité des affranchis vit dans l'état de vagabondage. Et l'on peut dire qu'aucun affranchi ne se livre au travail de la terre (1). »

« La paresse et l'apathie sont une cause qui les empêchera de se livrer à l'agriculture (2). »

Et cependant, « le travail des esclaves n'est pas pénible de manière à expliquer la répugnance que ce travail leur inspire (3), » leur « travail est une routine facile (4). »

Autrefois le travail des sucreries était plus dur parce qu'il fallait tout faire à bras. — Depuis 14 ans (en 1839), on se sert de charrue et le travail qui reste à faire à la houe n'est pas pénible (5).

Malgré cet état de choses « toutes les cultures coloniales seraient abandonnées (6) si l'on ne forçait pas les nouveaux libres au travail. » « Avec le travail libre, dans ma conviction intime, on arriverait promptement et sûrement, au bouleversement de la colonie (7). » Voilà de rudes témoignages!

Que de tentations, néanmoins, pour une nature moins pétrie d'indolence, dans un travail qui métamorphose si rapidement en or les fruits de la terre. Car le nègre esclave est quelquefois riche du produit de ses heures de réserve; riche du produit hebdomadaire d'une journée entière que,

(1) Rap. Tocq. M. de Cools, p. 73. — Id. M. de Jabrun, p. 73.
(2) Id. M. v. de Lingendes, p. 74.
(3) Id. M. de Cools, p. 75.
(4) Rap. de Broglie, p. 134.
(5) Rap. Tocq., de Jabrun, p. 75.
(6) V. de Lingendes, p. 75.
(7) De Cools, p. 75.

dans plusieurs colonies, le maître lui concède à charge de s'entretenir; riche encore des heures du dimanche qui lui appartiennent également sans partage. Voilà le temps du nègre. Il en dispose à l'égard même de son maître qui ne peut lui en extorquer un seul quart d'heure, ni l'occuper autrement qu'à deniers comptants lorsqu'il lui plaît d'accepter une tâche volontaire! Et le nègre est le souverain seigneur de son pécule; M. Cochut (1) se plaît à le reconnaître. Lors donc que M. Schœlcher annonce que l'esclave ne possède que par la tolérance du maître, il faut ajouter pour être vrai : l'usage et les mœurs ont donnés aux propriétés de l'esclave une consécration qui les rend inviolables. « Nous défions M. Schœlcher de citer un esclave que son maître ait dépossédé. »

Bien plus, « assez ordinairement, les nègres qui meurent après avoir amassé quelqu'argent, instituent verbalement et publiquement pour héritier leur maître ou quelqu'un de ses enfants; on ne citerait pas un seul cas, dans toutes les colonies, où cette succession n'ait été immédiatement remise à la famille du mort s'il en a une, à l'atelier tout entier, s'il n'en a pas (2). » Voilà les maîtres. M. de Pradt, aussi libéral que M. Schœlcher, je pense, peut bien, sans hyperbole, les appeler les pères de leurs nègres; et parler, du ton dont on admire, de « ces grandes habitations qui offrent fréquemment le spectacle d'une immense famille ou le blanc ressemble à un patriarche dont il retrace la bonté (3). »

Mieux encore; « les ouvriers qui doivent une redevance à leurs maîtres, quand ils ont de l'ordre, arrivent à traiter. S'ils ne le font pas c'est qu'ils trouvent que la liberté de de fait dont ils jouissent leur suffit. C'est qu'ils aiment

(1) M. Cochut, p. 190.

(2) Voyage aux Antilles, 30 octobre 1841. — Id. le P. Duclary, p. 29. — Organe de l'opinion *radicale*, abolitioniste *passionné*; M. V. Schœlcher a publié une série d'ouvrages en faveur des nègres... La *passion* conserve chez lui un accent de probité qui commande l'estime. *M. Cochut*, id. p. 181. Le Globe donne le démenti le plus formel aux assertion du même M. V. Schœlcher, je pense... « M. Schœlcher a le malheur d'être athée et de croire que le mariage est la première de toutes les immoralités humaines. En voyant une dame faire prier Dieu à ses petits esclaves, il s'écria que c'était déplorable de voir pareille chose dans un siècle si éclairé! Il a passé huit jours, quinze jours sur les habitations, où il se présentait, acceptant la table et le lit, éreintant les chevaux, mettant sur les dents ces pauvres nègres qui le suivaient, occupés à le charrier... Une tête qui part de l'athéisme et de la promiscuité des sexes pour réformer la société, est une tête jugée. Les monstruosités irréligieuses et immorales qu'il débitait, lui donnaient une tournure d'homme sincère et les colons croyaient qu'il dirait en France ce qu'il avait vu, etc., etc., etc. Voir le Globe 30 et 31 octobre 1841.

(3) Colonies, de Pradt, v. 1er, p. 314.

mieux employer leurs économies à se procurer d'autres jouissances (1). »

« Les esclaves, surtout dans les colonies où ils ont le samedi, ont beaucoup de facilités pour faire un pécule, et, en général, ils le font, mais ils dépensent leur argent très-facilement, soit en meubles, soit en vêtements (2). »

Cependant, en dépit de cette facilité, « les hommes qui se font un pécule, soit qu'ils veuillent faire des économies, soit qu'ils veuillent dépenser, sont l'exception (3). » Et ce pécule, lorsqu'il se forme, n'est pas le fruit d'un travail libre et spontané. A la Guadeloupe, par exemple, où le samedi est le jour du nègre, « il lui est bien permis, ce jour-là, d'aller plus tard au travail, mais il est obligé de travailler à son jardin. Ceux qui n'ont pas un jardin bien entretenu sont punis; le pécule qu'ils se font est donc le résultat d'un travail forcé (4). »

Il existe d'ailleurs « une grande différence entre le travail au moyen duquel les esclaves se font un pécule et le travail que nous croyons nécessaire. Pour arriver aux jouissances que le nègre se procure il n'a pas besoin de beaucoup travailler, puisqu'il n'y consacre que le temps qui lui reste après le travail pour son maître. Si l'esclave n'éprouve pas d'autres besoins que ceux qu'il a maintenant, c'est-à-dire des habits assez luxueux pour aller à l'église et au bal, et des cadeaux à faire à sa maîtresse, comme il pourrait y pourvoir avec très-peu de travail, pendant l'esclavage, on ne pourrait pas dire qu'après l'émancipation définitive il sera obligé de consacrer plus de temps pour obtenir les mêmes objets, et qu'en conséquence il travaillera d'avantage (5) ; » et, ce qui est essentiel, pour les cultures coloniales, d'un travail assidu et régulier.

« De ce que l'esclave, soumis aux habitudes du travail, gagnerait un pécule, il ne faudrait pas, non plus, conclure que, devenu libre et pouvant contracter d'autres habitudes, il se livrerait au même travail (6). » Car, au sein de l'escla-

(1) Rap. Toc., M. de Cools, p. 83.

(2) Rap. Tocq., M. de Jabrun, p. 84.

(3) Rap., Tocq., M. de Cools, p. 83.

(4) Id. M. de Jabrun, p. 84.

(5) Duclary, p. 53. — Rap. de Broglie, extravagance du luxe chez les nègres, p. 313 etc., et répugnance pour le travail régulier, p. 308, 309, 311, 312. — Rap. Tocq., v. de Lingendes, p. 85, 86.

(6) Rap. Tocq., M. de Saint-Georges, p. 86.

vage, « c'est moins un travail fort, qu'un travail *continu*, qu'il est difficile d'en obtenir (1). »

Pourquoi donc? par la raison que les nègres « sont, en général, les hommes les plus apathiques de la terre, et que dormir est la chose suprême à laquelle ils aspirent (2). » Cette paresse ne leur naît point au cœur du découragement naturel à l'homme pour qui le fruit de son travail est le fruit défendu. Car, tout nègre possède et ne met en action que par contrainte, deux capitaux considérables dont l'un fait valoir l'autre, son temps et son jardin ; c'est que le nègre livré à lui-même rebute la fortune si peu qu'elle lui demande de mouvement en retour de ses dons (3). « Aussi les traite-t-on comme des enfants et les force-t-on de travailler pour eux-mêmes malgré eux-mêmes. On les fait mener au travail et on les surveille avec autant de régularité que s'ils travaillaient pour l'habitation (4). »

Mais comme il se rencontre rarement un Français qui ne se soit forgé des imaginations de la plus étrange fausseté sur la nature de l'esclavage aux Antilles ; comme la plupart se figurent que la liberté, seule, donnerait au nègre, en se nommant, l'âme du travailleur européen, et que les exemples du contraire nous fourmillent sous la main et nous sollicitent de toutes parts, nous voulons arrêter nos yeux, pour un dernier instant, sur le spectacle de la liberté travaillante, aux portes mêmes de la principale ville de la Guadeloupe. Ce tableau offre, d'une manière trop saisissante, la physionomie de l'avenir dans celle du présent.

« Les grands fonds en sortant de la Pointe-à-Pître (5), sont un terrain merveilleux. C'est un essai de colonisation par les Africains. Les noirs et les hommes de couleurs y sont cultivateurs et propriétaires. Ils y prennent l'étendue qu'il leur plaît, bâtissent une chétive cabane, défrichent de dix à quarante pas carrés, souvent moins, jamais plus. Ces cultures mal entretenues, produisent quelques fruits, quelques racines. — Pourquoi ces hommes prennent-ils si peu de terrain ? C'est que leur proverbe est : travail pas bon. Le matin dès six heures ils fument, assis sur leur lit ; le

(1) Id. M. de Jabrun, p. 75.
(2) Voyage aux Antilles, 27 octobre 1841.
(3) Manusc. patern., p. 18, 19.
(4) Voyage aux Antilles, 29 octobre 1841, manusc. patern., id. p. 20. — Duclary, p. 63, 64.
(5) Voyage aux Antilles, 15 octobre 1841.

soir les retrouve dans le même état; ils ne se sont levés que pour cueillir quelques bananes qu'ils ont cuites sous la cendre. Voilà la vie de douze mille hommes de couleur *libres*, accumulés sur ce point. Quelques-uns travaillent, ceux-là sont riches. Les grands fonds, tout frais que soient leurs bois, tout gracieux que soient leurs paysages, attristent donc les yeux et serrent le cœur. Ces hommes de couleur auxquels le bien-être s'offre de toutes parts aiment mieux la privation que le travail. »

Concilier la liberté, le travail et l'ordre que vous avez la sagesse de vouloir réunir d'une indissoluble union ; les concilier sans le secours efficace et préalable de l'éducation religieuse, nous pouvons le demander maintenant :

Est-ce possible?

Puis, enfin, nous le disons en nous résumant : si la fatalité nous condamne à répéter les fautes de l'Angleterre qui, après avoir porté le coup mortel à l'existence de ses colons, cherche, aujourd'hui, la solution d'un nouveau problême : la réforme de ses réformes ; au moins gardons-nous de la dépasser dans ses injustices. Il fallait, il faut l'imiter dans ses mesures préparatoires.

Il faut dispenser largement l'éducation religieuse; vous ne l'avez pas fait.

Il faut que vos coffres se renversent pour répandre l'indemnité préalable, c'est-à-dire le fonds nécessaire au planteur pour la solde *quotidienne* du travailleur libre; s'il se fait qu'à défaut des leçons du christianisme, le soleil des tropiques enfante un beau jour ce travailleur!

Cette indemnité l'Angleterre ne l'a donnée que partielle, c'est-à-dire de moitié de la valeur du nègre et du quart de la valeur des propriétés ; cependant, à cet endroit, vous ne trouvez de censures que contre sa générosité! Mais, au moins, l'a-t-elle concédée antérieursment au dommage, selon le texte précis de votre charte ; et votre fiche de consolation, vous ne daignez l'offrir, vous, que pour une époque postérieure à ce dommage ! C'est trahir la crainte que le colon, averti par la ruine du planteur anglais, ne se hâte de la serrer dans sa valise et ne plie bagage avec ce débris de sa fortune, plutôt que de prodiguer ses sueurs à le faire consumer stérilement sur ses terres ; — terres maudites où une loi sauvage lui interdit jusqu'au progrès, frappe d'une taxe écrasante la blancheur de ses sucres, et défend à l'industrie, cette reine du monde, de prendre la route de son habitation pour l'enrichir de ces machines intelligentes dont les bras de fer accouplent les débuts et la perfection du travail.

Enfin l'Angleterre, dans sa législation, a frappé les sucres indigènes en leur défendant de naître ; et les sucres étrangers par la prohibition ; si de telles mesures vous répugnent, pourquoi vous plaît-il donc de les rendre indispensables?

En présence des hautes et fortes leçons de l'expérience, nous ne pouvons nous expliquer la téméraire confiance des auteurs de systèmes ; leur foi aux déclamations et aux mensonges intéressés, plutôt qu'aux documents positifs de l'Angleterre; l'incrédulité avec laquelle ils accueillent les rapports des fonctionnaires même du gouvernement, dont l'expérience *personnelle* (1) renverse l'échaffaudage de leurs projets !

Ayons le courage de le répéter, si les mesures jusqu'ici proposées ne sont point en elles-mêmes une confiscation directe et complète, elles attentent d'une manière inconcevable au droit de propriété; et conduisent la logique à des attentats dont l'Europe, à son tour, expiera la provocation.

Elles frappent, elles affligent la justice de la manière la plus fatale aux intérêts *moraux* des nègres, au droit de vivre des colons, au commerce et à la politique, c'est-à-dire à la prospérité de la France.

(1) Théorie et pratiqué, etc., etc., etc.

CHAPITRE VIII.

LES MULATRES.

Avant de passer outre et après avoir crayonné quelques traits de la répuguance proverbiale des nègres pour le travail, mais, aussi, de leur fidélité, de leur attachement à ces maîtres dont la vie et la fortune reposent, nuit et jour, avec la plus aveugle confiance entre leurs mains *libres et armées;* nous croirions laisser une lacune si nous ne plaçions un mot sur les mulâtres.

Autrement l'Européen se refuserait à comprendre cette phrase devenue banale : les colonies sont un volcan. Son intelligence se souleverait, comme à l'aspect d'une vision décevante, contre les ridicules alarmes inspirées par cette invariable leçon de l'histoire :

Entre les deux races il ne s'est jamais ouvert d'autre compte que celui-ci : Ou les blancs ont assujéti les noirs, ou les noirs ont égorgé les blancs. (1)

C'est que ce qui n'agit point comme cause, agit souvent comme moyen, et comme moyen aveugle. C'est que la vague qui porte la barque et la caresse mollement, si le vent vient à s'irriter, frappe la barque et la dévore.

L'éternelle, l'invincible antipathie des mulâtres pour les blancs, leurs rapports avec le nègre, leur action sur l'esprit faible de ces hommes, sur l'ignorance, toujours et partout, si facile à capter, voilà qui doit expliquer bien des énigmes !

Aux causes violentes d'irritation, si fréquement manisfestées entre la race blanche et les hommes de couleur, nous nous garderons bien d'ajouter une parole envenimée.

(1) Démocratie aux États-Unis Améric., M. de Tocq., *cité suprà.*

Mais, ce que tous le monde, à peu près, dit et pense, aux colonies, à ce sujet, nous le répéterons, car le lecteur doit savoir, d'abord, puis juger, ensuite ; quelquefois il intervertit cet ordre !

Notre sujet nous entraîne dans des détails familiers et intimes. « Les mulâtres ne possèdent pas, toujours, en général (1), les qualités qui donnent une valeur sérieuse aux hommes. Ils sont vaniteux, vantards, paresseux, et, généralement, fort adroits... Le malheur, c'est qu'il faut la croix et la bannière pour les mener au travail.

Quiconque veut un habit pour le premier janvier a soin de le commander au premier juin, et il attend fort souvent. Cela vient de ce que la main d'œuvre est fort élevée, et que le salaire d'une journée fait vivre le mulâtre quinze jours. Il travaille trois ou quatre jours par mois.

Au-dessus de ces mulâtres ouvriers il y a les mulâtres propriétaires et commerçants. A la Guadeloupe un grand nombre ont acquis de l'aisance, quelques-uns des fortunes considérables. Les mulâtres de ces quartiers vivent plus honorablement, se marient plus volontiers ; l'aisance, la vie régulière qu'ils mènent en ont fait, en général, des hommes assez recommandables et assez considérés. Quelques-uns ont été nommés par les blancs eux-mêmes officiers de milice et se sont montrés dignes de cette honorable distinction.

Au-dessous de ces mulâtres il y a ceux dont l'occupation est une oisiveté perpétuelle et l'existence un mystère. Si les mulâtres étaient des hommes sensés, s'ils étaient ce que seraient des Européens à leur place, ils pourraient former une population riche et influente au lieu de former une population paresseuse misérable et dédaignée.

Au-dessous des hommes de couleur qui possèdent, (2) qui se marient, qui sont conseillers municipaux et officiers de milice il y a les mulâtres qui n'ont rien, (3) qui ne font rien. Ceux-ci sont, malheureusement les plus nombreux. De quoi vivent-ils ? Il serait assez difficile de le dire. Un grand nombre ont conservé des relations avec les esclaves des habitations, et *ceux-ci* les nourrissent, ou, du

(1) Voyage aux Antilles, 25 novembre 1841. — Id. voyez Clausson, précis de la révol. de Saint-Domingue, p. 18.

(2) Qui sont propriétaires d'habitations et de nègres.

(3) Voyage aux Antilles, 26 novembre 1841.

moins, les aident. La Pointe-à-Pitre est particulièrement encombrée et affligée de cette population oisive et inutile.

Les mulâtres forment une population qui s'accroît incessamment, qui consomme naturellement, puisqu'elle vit et qu'aucune considération n'a pu porter et ne portera certainement jamais à produire.

Le fléau des Antilles est la classe des hommes de couleur puisqu'elle a des prétentions, en même temps au loisir (1) et au commandement, oubliant que l'empire est le prix des services ; que celui qui veut s'élever au-dessus de ses frères doit les servir ; mais n'oubliant point que l'émancipation formerait une nouvelle classe populaire là où ce sont eux encore qui, naturellement, forment cette classe ; n'oubliant pas que l'émancipation, brisant le lien *tout paternel* (2) d'esclave à maître, leur donne action sur le peuple nouveau, sorti comme eux de l'esclavage ; et par le seul cours des passions humaines, ravit aux blancs, pour le transmettre entre leurs mains, le pouvoir dont ils se serviront pour anéantir ou expulser les blancs, après les avoir annulés, non moins que pour assujétir les nègres.

Mais laissons de côté les inductions en présence des faits. « Lorsque j'en serai venu à Saint-Domingue, on verra que les mulâtres y sont les tyrans des nègres. L'Africain, lui, aime le blanc et en est aimé, parce qu'il comprend la hiérarchie et l'accepte. Le mulatre ne comprend, de la hiérarchie, que le sommet, et voudrait y monter, sans aucune des peines qui y conduisent. »

Ces hommes dont il importerait si fort d'attaquer l'âme par la religion, « portent au fond du cœur deux haines sourdes : la haine du noir, parce qu'ils lui ressemblent, la haine du blanc parcequ'ils ne lui ressemblent point. » (3)

Aujourd'hui encore, dans l'état présent des choses, mais qu'une simple et imprudente mesure législative pourrait profondément et promptement altérer, « s'il y avait collision, à moins de fautes et (4) de malentendus, les nègres prendraient parti pour les Européens. Ils voient les blancs diriger les habitations, travailler, se marier, vivre honorablement, être libéraux et affectueux pour leurs

(1) Id. manusc. patern. — Id. Rap. Huc et C., p. 64. — Id. Claussou, p. 20.
(2) Voy. M. de Pradt, *ut suprà*, etc., etc.
(3) Id. voyage aux Antilles.
(4) Id.

serviteurs ; les mulâtres dormir, fumer, jouer, vivre misérablement, n'avoir guère de famille; et, quand ils possèdent des esclaves, les traiter durement. Les nègres sont la différence. »

Cependant une amélioration se remarque ; surtout chez les mulâtres aisés ; ils vivent plus régulièrement et se marient plus volontiers ; » il y a progrès.

La position naturellement subalterne des mulâtres irrite leur orgueil dans ses plus intimes profondeurs. Et puis les blancs oublient que cette race les accuse par son existence, et ne doit son origine qu'à leurs faiblesses. De cet oubli volontaire, trop de hauteur, sans doute ; mais aussi, les préjugés bons ou mauvais, ne s'effacent point en un jour! Supposons qu'une race bâtarde, tout entière, et bâtarde née de maîtres et d'esclaves, de mœurs et de couleurs différentes, se trouve tout d'un coup, transportée au sein de la capitale, un grand nombre de salons lui seraient-ils ouverts? Beaucoup d'amants *platoniques* de l'égalité, la traiteraient-ils en parfaits égaux? s'uniraient-ils sang à sang?... A cette proposition ceux qui n'auraient point l'impertinente franchise de rire aux éclats riraient sous cape.

Les défauts de naissance dont on ne peut être personnellement responsables ne se rachètent, cependant, que par une grande considération personnelle ; voilà le fait ; et cette considération, pour l'obtenir, parmi nous, il faut quelquefois la mériter. Ce qui se passerait donc ici, se passe là-bas.

En tout cas, quel cri de justice conserverait sa puissance en faveur d'hommes qui n'ont à se plaindre que d'un seul grief, à savoir qu'on les imite. Encore l'orgueil des blancs à l'égard des mulâtres est-il loin de s'accuser par des formes aussi insultantes que le leur envers le noir. Je ne veux qu'un exemple :

« A l'école primaire de la Basse-Terre, dirigée avec beaucoup de zèle et d'intelligence, les blancs ont envoyé leurs enfants, côte à côte, avec les enfants des esclaves. Mais les mulâtres ont déclaré que si on ne chassait pas les enfants des nègres esclaves ils retireraient les leurs, et ils l'ont fait. (1) »

Traversez l'Atlantique, ouvrez les yeux, et vous verrez

(1) Voyage aux Antilles.

que rien ne change aux mœurs des parvenus ! — Toutefois vous verrez chez les mulâtres une belle, bonne et riche nature, accusée par la vigueur même de ses défauts, et dont les principes de la religion et de l'honneur ont su, sauraient encore tirer des merveilles. Mais cette nature est paresseuse ; il faut la cerner et la presser pour qu'elle se rende. On s'est raillé de leur lâcheté dans quelques révoltes ; c'est-à-dire, qu'alors, le courage du crime leur a manqué ; je les en félicite ; mille traits de bravoure éclatante, sous nos drapeaux, prouvent que le sang français n'a pas menti dans leurs veines.

CHAPITRE IX.

COMPARAISON ENTRE DIVERSES SORTES D'ESCLAVAGE.

Si telle est la pernicieuse efficacité de l'influence des mulâtres sur le nègre, l'état du nègre est-il donc tellement intolérable et contraire aux idées d'ordre et d'humanité que le premier souffle d'un esprit d'agitation suffise pour enfanter des bouleversements, et qu'il y ait urgence à changer cet état, fût-ce, même, par des mesures précipitées ?

Déjà les lignes qui précèdent auraient répondu plus que suffisamment à tout autre adversaire qu'à des préjugés invétérés. Mais, ici, par une rare exception, trop ne saurait être assez ; forte raison pour ajouter et agglomérer quelques notions positives sur le sort du nègre ; soit que nous le considérions isolément, soit que nous procédions en comparant avec son sort le sort de l'esclave *réel*, tel que le paganisme le produisit sous le joug de Rome ; tel qu'il le produit aux Indes-Orientales, sous le joug de l'Angleterre ; soit encore que nous exposions les éléments d'un parallèle entre le noir de nos Antilles et le prolétaire de certaines contrées de l'Europe.

Cette dernière partie de notre tâche, si féconde en leçons pour les hommes sincèrement humains et religieux, ne sera ni la moins instructive, ni la moins étonnante. Tant d'Européens qui connaissent si fort à fond l'Amérique, sans en avoir touché les rivages, connaissent-ils, un peu seulement, leur Europe du côté de ses misères ? Et, tandis que leur télescope poursuit infatigablement dans ses phases le firmament du Nouveau-Monde, ont-ils, à leurs pieds mêmes, découvert le puits de l'abîme !

Le nègre est généralement heureux, « *plus heureux que son maître* (1). » Il ne raisonne point son bonheur, il se borne à le sentir ; aussi la métaphysique lui prête-t-elle peu de chagrins. Nous avons peine à comprendre cela, de ce côté de l'Atlantique, où les jouissances du prolétaire ne sont ni celles de l'homme qui raisonne ; on étourdit sa raison par l'excès des misères ; ni celles dont se contente la brute ; l'indigence les lui refuse, la cupidité du maître dévore, à la fois, son sang et son âme ! Franchissons, pour un instant, l'espace des mers, et preuves en main, nous reviendrons, tout-à-l'heure examiner ce prodige...

Loin de nous l'idée de nous constituer les apologistes de la traite ; nous nous unissons aux lois pour la condamner, mais non point de telle sorte que la destruction de ce fléau tourne au profit exclusif de la cupidité Anglaise (2). Nous ne le rappelons ici que pour nous occuper, d'abord, du nègre brut ou Africain qu'elle transporte aux colonies européennes, qu'elle a cessé de transporter dans les nôtres, et dont la race s'éteint rapidement dans nos Antilles !

Que la situation de ces esclaves nous parle donc son langage ; qu'elle nous explique, sans réserve, la nature et la chaleur des regrets de ce nègre pour la patrie perdue!

Le nègre vendu, autrement dit le nègre de traite, gémissait presque toujours dans l'esclavage, sous un maître Africain, avant de passer sous la domination des blancs.

« Les esclaves vendus par les rois Africains sont (3) des esclaves à eux, travaillant pour eux, nés chez eux. Il y a de loin en loin quelques prisonniers de guerre, mais c'est l'exception, et c'est rare. J'ai interrogé là-dessus des négociants qui font la traite depuis 20 ans, et des capitaines qui ont acheté et apporté des esclaves toute leur vie, et j'ai vérifié, moi-même, l'exactitude de leurs renseignements.

Pourvu que les chefs de tribus aient le nombre de bras nécessaires ils vendent le reste. — Il faut, en général, rayer de l'histoire de la traite cette chasse aux hommes, ces gémissements plaintifs des filles et des épouses violemment séparées d'un père, d'un mari... et n'y voir que ce qu'il y a : des nègres fort grossiers, fort mal nourris,

(1) Rap. de Broglie, p. 134, etc.
(2) Voy. le rap. de Broglie, p. 61, et autres documents.
(3) Voyage aux Antilles, *ut suprà*. Ouvrage généralement très-exact et où toute la poésie se trouve dans le style, 28 octobre 1841. — Voir id. Brougham, rap. Huc et C., p. 86, le nombre des individus.

et à moitié sauvages avant d'être esclaves des blancs civilisés. »

« En thèse générale, les nègres transportés aux Antilles (1) sont enchantés de s'y trouver. Dix-neuf sur vingt refuseraient de revenir en Afrique. Je déclare n'en avoir jamais rencontré un qui eût cette envie, et j'en ai interrogé beaucoup. J'ai adressé, entre autres, la même question à ce nègre de M. Forcade (Havane) qui arrivait d'Afrique, il y avait à peu près six mois. Il me fit la même réponse et ajouta qu'il n'y avait aucune comparaison à faire entre les maîtres nègres et les maîtres blancs; que son maître ayant consenti qu'il apprît l'état de tonnelier, il gagnerait deux piastres ou dix francs par jour, et qu'en en donnant une à son maître il lui en resterait 300 par an. En Afrique, disait-il, on travaille pour deux poignées de maïs et l'on ne gagne jamais ni habits, ni argent. Qu'aurait dit mon ouvrier tonnelier, s'il avait su qu'il se trouvait plus riche que ne le sont en France un procureur du roi, un lieutenant d'infanterie, etc. (2) »

Entre l'esclavage en Afrique et l'esclavage aux Antilles la différence est si fort à l'avantage des Européens qu'il serait difficile de trouver un nègre de traite qui, une fois initié à son nouveau sort, consentît à se vouer de rechef, aux misères du sol natal.

Que dis-je, si peu que l'on consente à jeter les yeux sur l'état de l'Afrique et sur les relations de tribu à tribu, de souverains à sujets, de maîtres à esclaves, comment seulement ne point frémir. « Au cœur de la capitale du Congo, ce sont des boucheries humaines où la chair du noir se vend à la livre, comme celle du bœuf ou du mouton. (3) » Plus loin, ailleurs, partout, c'est de temps immémorial, un despotisme affreux, sanguinaire, une justice de tigres, des

(1) Voyage aux Antilles, 29 octobre 1841.

(2) « Les noirs industrieux peuvent se procurer de 7 à 800 francs *de pécule (ou d'économies)* par an. » Décréter la *propriété* du pécule qui, *de fait*, n'est *jamais* violée, et y joindre pour le nègre la faculté de se racheter, ce serait éloigner de l'esprit du maître la bienveillance qui le porte à enrichir ses noirs. D'ailleurs il y a eu depuis 1830, dans nos colonies, 40,000 affranchissements. Les noirs, accoutumés à recevoir la liberté de la générosité de leur maître, se décideraient difficilement à la payer. Ils ne la rachèteraient pas quand le gouvernement annonce vouloir la racheter pour eux dans un avenir peu éloigné. — Observations de M. Jollivet à la commission de la Chambre des Pairs, juin 1844, p. 40, 68, 69, etc.

(3) Duclary, p. 55, l'Abbé Hardy, directeur du Séminaire du Saint-Esprit : Liberté et Travail, etc., etc., p. 83 à 86, 1838. Précis historique de la révolution de Saint-Domingue, par L.-J. Clausson, ancien magistrat, 1819, p. 9, 4, 12, 14, 15, jusqu'aux citations de l'histoire philosophique de Voltaire.

guerres impies, la chair de l'homme offerte en aliment vulgaire ; et pour célébrer un culte atroce, des crânes de victimes humaines formant les temples dédiés aux fétiches du pays.

Mais, quelque persistante que soit la vérité de ces détails, la traite n'arrachera plus ces victimes, soit aux libres habitudes de la terre paternelle, soit aux horreurs de l'esclavage Africain et de sacrifices odieux. Nous nous en félicitons, si peu qu'il plaise aux gouvernements européens de lancer quelques missionnaires au milieu de ces tribus barbares pour les civiliser en Afrique au lieu de les civiliser dans les habitations des Antilles.

La traite avait provoqué, stimulé la férocité de ces princes cannibales. Il se trouvait des hommes pour soutenir cette proposition ; d'autres pour la combattre. Laissons ces disputes oiseuses. La traite n'est plus, pour nos colonies ; voilà le fait ! Il nous suffisait de tracer un aperçu grossier du sort de l'Africain esclave dans la terre que nous appelons sa patrie.

— Un autre Africain se présente, sous les pieds duquel se dérobe ce sol natal. Sa destinée vogue, un moment, sur les flots, au gré du hasard. Il aborde aux Antilles. Un maître l'achète. L'Africain tremble quelquefois car il sait que sa chair se mange ! Mais bientôt il reprend cœur, voyant notre peu d'empressement à le dévorer. Un instituteur lui est assigné, choisi disons-nous, au sein de l'aristocratie de l'habitation ; c'est-à-dire dans la classe des *nègres créoles*, ou nés aux colonies ; en d'autres termes, parmi les nègres les plus civilisés. (1)

Le premier soin de l'instituteur c'est d'enseigner à son élève à prendre soin de son corps, à se purger de vermine, à se tenir net de ses propres ordures, à s'habiller, à manger, à parler, à travailler, enfin, et, cela, petit à petit. Dix-huit mois s'écoulent avant que la tâche commune devienne la sienne ; et puis il se fait que l'habitude rend, enfin, le nègre d'Afrique tellement semblable au nègre créole qu'il se confond avec ce dernier et s'efforce de dissimuler son origine ; tache originelle dont il ne cesse de rougir. Voilà comment les choses *se passaient* dans nos îles lorsque la traite y était provoquée par le gouvernement, puis simplement permise, enfin tolérée.

(1) Manusc. patern. — Id. Rap. Tocq., interr. des délégués.

Maintenant, confondons tous les noirs sous la même dénomination. Tout nègre possède sa case distincte, c'est-à-dire sa maisonnette propre et composée de deux pièces ; la cuisine et la chambre à coucher : (1) « J'en ai vu un assez grand nombre meublées avec un grand luxe. Elles renfermaient par exemple, un beau lit en acajou massif, une belle commode du même bois, des chaises et une glace. »

Trois livres de morue, ou de bœuf salé (2), neuf livres de manioc, farine aussi chère que celle du froment, mais à laquelle le nègre donne la préférence, voilà l'ordinaire hebdomadaire de l'esclave. Le maître ne pourrait en soustraire une once sans s'exposer aux plaintes de ses gens, devant les tribunaux ou les magistrats ambulants. On joint à ces aliments des racines telles (3) que les patates, les ignames, et des fruits, comme des bananes.

L'ordinaire se paie en nature ou en argent au cours public. Si c'est en argent, le noir va faire, invariablement le lendemain, au bourg, sa provision pour la semaine. Dans certaines habitations le maître concède au nègre un jour entier par semaine au lieu de l'ordinaire ; et, dans ce cas, une mesure de terrain égale à celle que les bras de cet homme peuvent cultiver. — Cet arrangement est un avantage considérable pour le noir. Cependant, dans les années de sécheresse excessive, les vivres dont le cultivateur tire un parti si lucratif ne produisent pas, et alors le planteur ajoute l'ordinaire en sus de la journée de liberté. Il n'y a pas (4) moyen de congédier son monde et de dire comme en Europe aux ouvriers : L'année est mauvaise, je n'ai pas de pain à vous donner.

Quoiqu'il arrive, le nègre ne peut jamais moins avoir que l'ordinaire, mais il peut avoir bien davantage, s'il est médiocrement actif. « En effet (5), chaque nègre possède un petit jardin à fruit, autour ou auprès de sa case. Il y plante des bananiers, des papayers, des orangers, tout ce

(1) Manusc. patern., *ut suprà*, fruit de sept longues années passées aux Antilles, sans aucun intérêt de propriété ou d'affaires. — Voyage aux Antilles, 29 octobre 1841.

(2) Consultez le rap. de Broglie, p. 206, 207, 208, 209.

(3) Rap. de Broglie, p. 83, 225. — Manusc. patern., p. 19.

(4) Manusc. patern., p. 18. — Id. Voyage aux Antilles.

(5) Voyage aux Antilles, 30 octobre 1841. — Voir id. manusc. patern., p. 18. — Consultez le rap. de Broglie, p. 207. — Voir id. des pétitions de quelques ouvriers et ouvrières de Paris, pour l'abolition immédiate, 1844, M. Jollivet, p. 15.

qu'il veut; le revenu de ces fruits, portés au bourg le dimanche, lui appartient. En outre, chaque ménage élève des poules, des pintades, des dindons, et ces volailles, qui se vendent fort cher aux Antilles, se nourrissent sans frais dans les pièces de canne. Ils achètent des poules avec les fruits, des moutons avec les poules, des bœufs avec les moutons et des chevaux avec les bœufs (1). Les moutons, les bœufs, les chevaux du nègre paissent avec les troupeaux de l'habitation, gardés par les bergers de l'habitation, sans qu'ils coûtent ni un sou ni un soin à leur propriétaire. »

Sur les sept jours de la semaine, deux journées sont donc la propriété exclusive du nègre. Il en dispose, lorsqu'elles cessent d'être indispensables aux jardins, dont les produits constituent son ordinaire et ses richesses, et sur lesquels il lui arrive de faire travailler à son profit *des nègres libres*, payés de ses deniers (2); il en dispose au taux invariable de deux francs, journée d'homme ou de femme. Ce n'est point tout; le temps *libre* de ses jours ouvrables, forme une autre valeur dont lui seul est le maître et qu'il use ou vend selon son gré; car, une fois ses heures de travail écoulées, l'esclave, *moins esclave que le républicain rural d'Haïti*, demeure aussi libre de ses actions qu'aucun citoyen d'aucune république (3).

Le maître pourvoit à l'habillement de chaque nègre par la délivrance de deux vêtements complets tous les ans. « Il est rare que le premier jour de janvier n'ajoute un supplément à cet ordinaire (4). J'ai vu, l'an dernier, les étrennes de plusieurs habitations; elles montaient à 2,000 francs pour chacune. En quelles maisons d'Europe le maître donne-t-il à ses gens 2,000 francs d'étrennes? »

Mais le nègre ajoute beaucoup à ces vêtements, du revenu de son jardin. « Ne connaissant que son ventre, sa maîtresse et sa toilette, il sacrifie tout à ces trois passions. Le linge le plus fin, la plus belle mousseline, le plus beau bazin, des madras d'un prix excessif; des bijoux que le

(1) Sur l'habitation *Fabrique*, de la rivière salée. Les noirs possèdent 15 bœufs. Observations p. devant la commission de la Chambre des Pairs, M. Jollivet, 1844, p. 54.

(2) Id. Rapport du substitut du procureur du Roi de Fort-Royal, janvier 1844, p. 546. Lorsque le noir libre travaille, ce n'est point selon les exigences des saisons et des récoltes, mais au gré de son caprice.

(3) Voyage aux Antilles. — Id. Voir le Code rural d'Haïti, rap. de Broglie, 192 à 196, etc.

(4) Voyage aux Antilles, id. manusc. patern., id. p. 16, id. des pétitions de quelques ouvriers, p. 15.

nègre rejetterait avec mépris, s'ils n'étaient de l'or le plus irréprochable; tout cela se voit sur le corps du nègre aux jours de parure. Quiconque les a rencontrés à leurs jardins et les revoit le dimanche, ne les reconnaît plus (1). » Que dis-je? le nègre paré c'est le dandy; et quant à la négresse, « le costume de l'élégante la plus raffinée du quartier de Notre-Dame-de-Lorette (2), à Paris, ne vaut certainement pas, argent comptant, le costume de l'une des cent négresses esclaves que j'ai vues au bal, au Fort-Royal à la Martinique, le Dimanche Gras de l'an dernier. »

Enfin, les noirs « obéissent non pas absolument au maître qui ne peut ni leur ôter une once de nourriture, ni leur imposer un quart-d'heure de travail en dehors du règlement. Ils obéissent à l'organisation industrielle et économique des colonies; laquelle, moyennant un travail obligatoire et réglé, assure au travailleur le logement, le vêtement, la nourriture, le médecin, la sage-femme, les garde-malades, les nourrices, tous les soins, toute la tolérance et toutes les indulgences imaginables; le repos et le confort aux deux extrémités de l'âge, et, pendant le cours entier de la vie, une protection efficace jointe à la possibilité de s'enrichir par des économies; nous pourrions ajouter de s'affranchir.

Un trait peint cette familiarité de rapports d'esclaves à maîtres, si frappante, par tant de côtés, pour les Européens. « Au bout de quelques jours, je remarquai, dans les maisons où je dînais, que la maîtresse de la maison se levait régulièrement de table un peu avant la fin du repas. J'en demandai la cause : la maîtresse se levait pour aller faire dîner les domestiques. Les nègres chargés de servir emportaient les plats de la desserte dans l'office, et tous les autres nègres, négresses, négrillons s'y rendaient aussitôt. Alors la maîtresse venait, elle-même, faire la distribution à chacun, plat par plat, assiette par assiette. Si l'on pouvait faire assister les Européens à ces distributions quotidiennes, peut-être seraient-ils frappés que le nègre conserve les mœurs à demi-sauvages de l'Afrique au sein de la famille chrétienne (3). Mais il se trouve des maîtres violents, em-

(1) Manusc. patern., p. 16, 17, 18. — Voir le rap. de Broglie, leur passion pour le luxe, p. 313 à 315. — Voir le rap. Tocq., M. de Jabrun, p. 83.

(2) Voyage aux Antilles, 30 octobre 1841.

(3) Voyage aux Antilles, 26 octobre 1841.

portés, injustes ! Oui, comme en France, à Paris, tous les jours, il se rencontre des maîtres qui volent leurs gens, des empoisonneurs, des parricides, des pères ou des maîtres qui, jetant leurs enfants, ou leurs apprentis orphelins, dans d'étroits cachots, mettent une dizaine d'années à les faire périr dans les tortures du travail, de l'isolement, de la faim et du froid. Les journaux nous apprennent cela tous les jours. Il pourrait donc sembler bien étrange aux Antilles, si l'on y raisonnait comme on raisonne contre elles, que tous les Parisiens, par exemple, ne soient ni des voleurs, ni des assassins, ni des parricides, ni des pères sournois et barbares, ni des empoisonneurs !

Et je me rappelle, à ce propos, *avoir vu*, au cœur de l'Italie, une famille aimable, vivement pressée qu'elle était de visiter Paris, n'oser arrêter son esprit à cette héroïque résolution, redoutant plus Paris, qu'elle ne connaissait que par des gazettes de tribunaux, que, de Paris, nous ne redoutons les Calabres ou les Abruzzes (1) !

D'ailleurs, au-dessus de ces maîtres dénaturés et presqu'introuvables des Antilles, sont des lois de fer, des lois justes, et une magistrature armée de rigueurs contre les rigueurs et l'orgueil.

Ces lois, en présence desquelles le maître ne cesse de se trouver, délimitent avec précision le temps du travail du noir. Ce travail qui se borne à neuf heures par jour « est une routine facile (2). » Beaucoup moins prolongé que celui du laboureur européen, il est loin de l'égaler en rudesse. Ou, plutôt, quelle que soit la nature de l'ouvrage, l'ouvrier noir travaille en homme qui compte bien autrement sur le temps que sur sa peine pour arriver au terme. Ces travaux, commencés le matin et terminés le soir par la prière, s'exécutent sous *la direction et les ordres de l'esclave* le plus digne de confiance par son intelligence et sa fidélité. Cet esclave est revêtu du titre de commandeur.

Chaque journée voit, sur les habitations importantes de cent à trois cents noirs obéir ponctuellement et gaîment aux ordres de ce premier parmi ses égaux, et travailler, avec leur mollesse caractéristique, à côté de mornes escarpés et de forêts vierges, repaires inaccessibles de quelques

(1) Major è longinquo... De loin, c'est quelque chose, et de près, ce n'est rien.
LA FONTAINE, *Bâtons Flottants.*

(2) Rap. de Broglie, p. 221. — Id. rap. de Broglie, p. 134.

nègres marrons ; c'est-à-dire échappés pour vivre à l'état sauvage. Et qui les empêche de suivre ces nègres ? une seule chose, l'inégalité du sort. C'est que le travail du nègre, qui est peu de chose, lui procure beaucoup de bien-être et le lui assure jusqu'à la fin de ses jours, fût-il estropié des quatre membres! Aussi, rien de moins rare que de voir ces nègres marrons, même au bout de plusieurs années, revenir sous le toit du maître, dont la plupart se sont moins échappés par antipathie pour le régime des habitations que pour se soustraire aux rigueurs des lois.

Mais si le premier, le plus superficiel examen a fait justice des fers de l'esclavage, il est un point, encore, où toutes les délicatesses de la sensibilité se soulèvent : j'ai nommé le chapitre des châtiments; et, parmi les châtiments, celui dont le nom seul réveille l'idée de la douleur et de l'infamie : le fouet.

Le fouet et le nègre! comment séparer ces deux idées? Expliquons-en le rapport actuel et que le temps est en train de modifier. Peut-être les hommes qui se piquent de gravité ne s'empresseront-ils pas de juger sans entendre!

« Il faut, aux colonies, entretenir dans les habitations (1) *les plus mauvais sujets* tout aussi bien que les meilleurs. Il n'y a pas moyen de les renvoyer comme on fait ici des ouvriers. Si le maître nourrit son atelier, c'est avec les revenus, et il n'y a pas de revenus sans travail. Rien ne serait plus contraire à la justice que de laisser aux bons, seuls, tout le poids du travail, c'est-à-dire la charge exclusive de nourrir et d'entretenir les mauvais sujets croupissant dans l'oisiveté.

Ce n'est pas tout, il existe, sur chaque habitation, un rebut de l'espèce noire composé d'hommes dépravés et qui formeraient, en Europe, la population des prisons et des bagnes. Eh bien! vingt-neuf coups de fouet *équivalent souvent*, aux colonies, à *vingt ans de galères et à l'application du fer rouge!*

La fréquence de ce châtiment est-elle extrême ? « *Règle générale*, sur cent cinquante nègres, il y en a au moins cent, qui n'ont jamais reçu de leur vie un coup de fouet! ». Sait-on cela ?

Et ce châtiment est-il si terrible? C'est celui que les nègres préfèrent! Souvent, de concert avec le maître qui est censé

(1) Voyage aux Antilles, 30 octobre 1841.

l'ignorer ; plus souvent d'intelligence avec les nègres, qu'il est de son intérêt de ménager, le commandeur frappe à côté (1). Il se présente cependant des cas dont l'excessive gravité nécessite un exemple et fait de toute la rigueur de ce châtiment *une grâce véritable* (2) car il tient lieu de peines judiciaires ; tant l'intérêt du planteur est de veiller à la *conservation* de son nègre, quelque mauvais sujet qu'il soit. Il faut des circonstances d'une utilité bien générale ou que des voisins l'y déterminent, pour vaincre, à cet égard, et sa répugnance propre et celle de ses intérêts.

La peine du cachot est celle de toutes que le nègre (3) redoute le plus, parce qu'alors il ne peut courir ni converser. M. le baron Tascher de la Pagerie avait donné l'exemple de substituer au fouet, pour certaines fautes, la peine de la prison pendant la nuit ; c'est-à-dire l'obligation pour le délinquant de dormir sous clé, au lieu de pouvoir se livrer à sa passion pour le libertinage nocturne. Ses nègres se jetaient à terre le suppliant inutilement, de remplacer par le fouet, la douce et salutaire rigueur de cette prison ! (4)

« Le bâton employé dans les armées anglaises est monstrueux et peut estropier. » On sait avec quelle implacable férocité la discipline britannique inflige ce supplice ! « La corde employée dans la marine française est aussi terrible que le bâton. La prison suspend le travail, elle amènerait la disette. » Quant au fouet « il ne faut pas (5) croire qu'on en distribue des coups à tort et à travers. Le nombre en est fixé par des règlements et il ne peut jamais dépasser vingt-neuf coups, pour les cas les plus graves. Ordinairement ce

(1) Manusc. patern., 35, 36, 37, 38.

(2) Les châtiments sont rares et peu sévères. Procureur général de la Martinique. — Id. Observations, p. 40.

(3) Id. rap. de Broglie, p. 134.

(4) De pareils traits, me disait, il y a quelques jours, M. de Tascher, se sont reproduits devant des autorités venues d'Europe, et sollicitées par les nègres de leur obtenir cette faveur ! Grand ébahissement sans doute ! M. de Tascher m'a permis de le citer, son nom est une autorité. Si la lumière s'est éteinte dans ses yeux, elle jette un vif et doux éclat dans son cœur.

(5) Une salle ou une chaîne de police, une barre à l'hôpital à laquelle on attache pendant *la nuit* les esclaves dont la conduite nécessite cette mesure, ont généralement remplacé les prisons. Le fouet est d'un usage rare et c'est seulement dans les cas fort graves qu'il est administré avec la latitude accordée par les règlements. Le régime disciplinaire est fort doux. Voir le rap. du procureur du Roi de Saint-Pierre. — Id. Observations, p. 42, 43.

(6) Voyage aux Antilles, 30 octobre 1841. — Voir le rap. Rémusat, Moniteur, 19 juin 1838, p. 1747, col. 1re.

sont trois ou cinq coups, appliqués par-dessus les vêtements ; une véritable plaisanterie auprès des fantasmagories des philanthropes. Ce qui n'est pas une plaisanterie ce sont les cent coups de fouet que j'ai vu donner à un mousse de *la Perle*, bien comptés et effroyablement appliqués. »

Mais, en résumé, si l'on tient à condamner le régime du fouet, ma voix se mêlera vivement au concert. Je répéterai, d'ailleurs, avec M. le duc de Broglie : le système des châtiments corporels s'abolit en quelque sorte de lui-même... et, par-dessus tout, à l'égard des femmes (1). »

« S'étonnerait-on de ce que je ne parle point du jarret que l'on coupe aux esclaves lorsqu'ils s'en sont allés deux fois marrons ? Ma foi non, je n'en parle pas ; pas plus que de *beaucoup* d'autres stupidités. Ainsi un édit de Louis XIV prescrivait de couper les oreilles à toutes les *filles* de Paris qui s'approcheraient de Versailles au-delà du pont de Sèvres ; » eh bien ! malgré l'édit, ne voyez-vous pas ces demoiselles dresser fièrement leurs oreilles jusque dans la chambre de Louis XIV ? (2)

Et puis, ce qu'il est essentiel de se rappeler à chaque instant, au bruit de toutes les déclamations qui poursuivent et assaillent les *producteurs de sucre de canne*, c'est l'extrême et patriarcale bonté des maîtres (3). « Les Espagnols (4) qui se sont montrés si cruels envers les Indiens ont toujours conduit les nègres avec une humanité singulière » et quoiqu'il semble difficile de les égaler, « les Français ont passé de tout temps pour les meilleurs maîtres de l'archipel des Antilles (5). »

Le grief de la vente, des séparations et des attentats à la pudeur forme donc, aux yeux des moralistes, un chapitre tout autrement sérieux que celui des châtiments !

Voyons cela : Les esclaves se divisent en deux catégories : Les nègres de culture et les domestiques ; et par suite

(1) Rap. de Broglie, p. 224. Réponse à M. Schœlcher ! Ce qui est vrai de quelques colonies à esclaves est faux des nôtres. Voilà comment, en décrivant d'une manière générale les rigueurs de l'esclavage, on excite l'injuste indignation des hommes de cœur contre nos colons !

(2) Voir le rap. Rémusat, p. 1747, col. 1re. —Consult. le rap. de Broglie, p. 130. — Voyage aux Antilles, 31 octobre.

(3) De Pradt, colonies, v. 1er, p. 314. — Duclary, 49 à 60.

(4) Rap. Tocq., p. 17. — Comtesse Mercedès de Merlin, Revue des Deux-Mondes, 1er juin 1841. — M. Cochut, p. 190.

(5) Rap. Rémusat, 19 juin 1838. — Voir le rap. de Broglie, p. 52, 130.

de la constitution des colonies, il devient presque impossible (1) de vendre les noirs autrement qu'avec l'habitation qu'ils exploitent. Cette vente se réduit donc, à peu près, à un simple changement de maître.

D'ailleurs et s'agit-il, surtout, d'un esclave isolé? On ne le vend pas à qui l'on veut mais bien à qui bon lui semble. Le maître l'autorise par un certificat, à s'offrir, et nul n'achète un esclave sans s'assurer de l'agrément de cet homme (2). Qui serait assez fou pour l'acheter contre son gré ne s'exposerait pas, seulement, à se voir très-mal servi. Le nègre qui hait et qui se venge, est un fléau que personne n'affronterait de gaîté de cœur, même le plus brave. Que si, d'ailleurs, le maître se rendait coupable de violence imméritée envers un nègre, « le procureur du roi interviendrait, sur la plainte motivée de l'esclave, et forcerait le maître à le vendre, sans préjudice des poursuites criminelles, si le cas avait de la gravité. L'esclave est donc sérieusement garanti par les lois, *et surtout par les mœurs*, dans sa personne et ses sentiments. On ne lui demande que du travail dans des limites posées par des règlements. Une fois ce travail fait, il est aussi libre de son corps qu'aucun ouvrier français, et il est beaucoup plus libre de son esprit, car il ne lui reste à s'occuper d'aucune des nécessités de la vie parce que son maître y pourvoit en échange de son travail. » Et ce genre de bonheur est-il avilissant? Il faut le croire en lisant ces lignes : « En somme *ceux qu'on appelle esclaves* sont ici plus forts et plus heureux *que ceux qu'on appelle maîtres.* Ils sont heureux *à la façon des brutes*, c'est l'existence qu'on leur a faite (3). » La raison leur manque pour raisonner *le malheur du bonheur* qu'ils éprouvent! Quant au bonheur des colons, puisqu'il est inférieur à celui du nègre, il se trouve au-dessous de celui de la brute, mais ce n'est pas eux qu'il s'agit de plaindre!

Travailler où bon lui semble, *s'il peut s'y rendre*, habiter le pays qui lui convient, exercer telle profession de préférence à telle autre, voilà la liberté du paysan que bien des circonstances entravent et paralysent. Cette liberté n'est

(1) Voyage aux Antilles, 30 octobre, philanthropie anglaise, p. 35, 34.

(2) Il est de ces variétés banales auxquelles on est presque honteux d'appliquer l'autorité de citations. Si j'écrivais pour l'Angleterre où ces documents sont familiers, je rapporterais sans appuyer. — Voyez jusqu'à l'ordonnance du 5 janvier 1840. — Voyage aux Antilles.

(3) Rap. de Broglie, p. 134.

point celle du nègre. Mais le paysan travaille depuis le point du jour jusqu'au coucher du soleil. Dans ses heures de repos, jouit-il d'autant de terrain qu'il en peut cultiver pour augmenter par là le fruit de son labeur ?

N'a-t-il pas à se nourrir, à se vêtir lui, sa femme et ses enfants qui se reposent de tout sur ses bras ! Il est obligé d'acheter ou de louer jusqu'à sa chaumière. Les nuits sont consacrées, en partie, soit à la veillée l'hiver, soit au travail l'été. Combien, dans chacune de ces saisons, lui reste-t-il d'heures à donner au repos quoiqu'écrasé de fatigues ?

Si sa femme est enceinte, si ses enfants sont en bas âge, si quelque maladie règne dans sa famille ne faut-il pas qu'il travaille assez pour nourrir tout ce monde-là ? Où est le chirurgien ? où sont les médicaments, les garde-malades, la sage-femme ? D'où tirera-t-il tous ces secours ?

Le nègre doit, chaque jour de travail, neuf heures de son temps, et voilà tout !

La liberté nominale du paysan offre-t-elle, à l'examen, autant de réalité que celle du nègre ?

On ne vend point ses enfants mais on ne vend point (1) non plus séparément les enfants du nègre, qu'on ne vend pas, lui-même, contre son gré : On n'oserait. Mais si l'on ne vend point les enfants du paysan on les lui prend pour aller, *glorieusement*, aujourd'hui en Afrique, demain en Russie, risquer, chaque jour, leur tête ou leur liberté. — C'est le maître qui, de son propre sang, paie l'impôt du sang pour son esclave ! (2)

La vente sépare le noir de sa famille, isole à tout jamais, le mari de la femme et la mère de ses enfants. Voilà qui est barbare, atroce, comment ne pas le confesser ! Mais aussi, voilà qui est faux ! puisqu'on ne vend point le nègre contre son gré ; puisqu'on ne sépare ni le mari de la femme, ni la mère de l'enfant ; puisqu'il est même presque impossible d'arracher le noir, par la vente, de l'habitation où il est né (3).

Que nous reste-t-il à penser de ces violences, de ces attentats à la pudeur de leurs esclaves, que tant de gens se représentent comme un des passe-temps habituels, une des douceurs de la vie du colon français, parce que de tels

(1) Rap. Tocq., délég., p. 68.—Rap. de Broglie, p. 52, philanthropie anglaise, p. 35.

(2) Qu'on se le rappelle, ceci est une comparaison, et non point un panégyrique de l'esclavage.

(3) Jollivet, philanthropie anglaise, p. 35. — Rap. Tocq., délégués, p. 68.

excès ont pû régner, surtout dans des colonies étrangères ?

Après avoir engagé les plus chastes Européens à se présenter pour jeter la pierre aux planteurs, expliquons la chose. La négresse africaine n'est pas cette bacchante effrénée que notre imagination se représente ; mais, seulement, entre l'état d'épouse ou de concubine elle ne saurait distinguer, habituée qu'elle est, dans sa patrie, à voir, dans l'homme dont le toit l'abrite, un homme dont les droits sont tout naturellement incontestables. « Si Dieu pardonne aux blancs de manquer à leurs devoirs de chrétiens ce ne sont point les négresses qui leur tiendront rancune (1). »

« On a fait, des négresses, de jeunes vierges chrétiennes voilées de leur pudeur et de leur chevelure, et gémissant dans leur âme, d'avoir été ravies aux tendres serments des troubadours du désert, pour être jetées dans les bras détestés d'un maître barbare (2). »

On s'imagine que le maître a tout pouvoir sur ses esclaves ; c'est une profonde erreur. Une négresse africaine est à qui veut la prendre ; une négresse créole est à qui elle veut bien se donner.

Il y a, aux Antilles, un séducteur irrésistible : Ce n'est pas le maître, ce n'est pas le fouet, ce n'est pas l'esprit, ce n'est pas la beauté, c'est le doublon d'or... Mais hélas ! les ouvrières européennes élevées honnêtement, et laborieuses, sont-elles donc au-dessus de tentations semblables ? — Non certes ! Et encore le vice des Antilles a-t-il la munificence pour lui, car il lui faut de l'or, tandis que le vice d'Europe se contente d'argent, quelquefois de cuivre (3). »

Mais ce qui aide à l'intelligence de l'état du nègre de nos colonies, ce qui répond à toutes les incriminations avec une autorité bien supérieure à celle des paroles, c'est le jugement de l'esclave lui-même sur la liberté qui lui fut offerte, en présence même de cette liberté.

Les colonies anglaises devaient, dès le principe, et par leur voisinage, révolutionner les colonies françaises. Cela était dans toutes les prévisions ; et « loin de là, tous nos

(1) Voir le Voyage aux Antilles, 24 novembre 1841.

(2) Id. Voyage aux Antilles. Ce voyage résume la plupart des plus graves questions coloniales. Sa forme et son style charmant en font un ouvrage de boudoir.

(3) Id.. Duclary, p. 67.

esclaves, qui avaient été respirer l'atmosphère de la liberté sur les rivages voisins, revenaient se ranger sous la discipline des ateliers.

Les évasions qu'on avait d'abord présentées sous un jour formidable diminuent pour cesser prochainement La misère qui se montre déjà hideuse et déguenillée, dans les pays nouvellement émancipées, nous prémunit contre le danger des évasions, et la comparaison que nos esclaves ont pu faire de leur sort avec celui des nouveaux citoyens Anglais nous offre à cet égard, des garanties de jour en jour plus rassurantes (1). »

« Nos colonies sont fort près des colonies anglaises ; nos pêcheurs vont pêcher tous les jours dans les eaux des îles anglaises. Ainsi ils ont la liberté à côté d'eux ; et, cependant (2), ils ne s'échappent pas. Il est vrai, qu'une fois dans les colonies anglaises, avec la meilleure volonté de revenir, ils ne le pourraient plus ; les Anglais ne le souffriraient pas. »

Les Anglais ont usé des manœuvres les plus dégoûtantes pour provoquer les évasions. Si vous ajoutiez foi aux embaucheurs, leur gouvernement proposait des subsides aux évadés dont quelques-uns eurent la simplicité d'aller les réclamer auprès des gouverneurs. Lorsque, cependant, les maîtres des déserteurs, conjurés par leurs anciens esclaves de les rendre à leur condition première, se transportaient dans les îles, où ces nègres étaient allé goûter les prémices de la liberté, ils voyaient opposer à leurs réclamations toutes les subtilités de la chicane. Puis l'émeute s'organisait contre leur personne, la police les traitait en perturbateurs et la prison se refermait sur eux pour ne plus s'ouvrir qu'au bon plaisir de Messieurs les Anglais.

Il y a plus, les îles anglaises ont offert, sous une autre forme, une nouvelle preuve de cette vérité odieuse, à proclamer : le bonheur du nègre français. Les nouveaux affranchis fuyaient le sol de la liberté pour la terre de l'esclavage. « Il nous est *encore* arrivé dix nègres (3) fugitifs de la Dominique, dit M. de la Charrière. Comment, leur a-t-on dit, pouvez-vous venir ici, vous qui êtes libres dans votre

(1) Rap. Huc et C., p. 78, 79.

(2) Rap. Tocq., M. de Jabrun, p. 64. — Id. de Cools. — V. de Lingendes.

(3) L'Abbé Hardy, direct. du Séminaire du Saint-Esprit : Liberté et Travail, etc., p. 147.

pays? A ce mot *libres*, ils secouèrent la tête. Nous avons les mêmes devoirs à remplir, le même travail; et, de moins, la sollicitude et les soins d'un maître qui, en nous perdant, perdrait sa fortune. » *Cela se passait au temps de l'apprentissage* (1835), c'est-à-dire à l'époque où l'on s'était figuré pouvoir accomplir, sans inconvénient, le travail avec une liberté bâtarde.

« Les noirs qui s'étaient réfugiés aux îles anglaises ont été refroidis par le spectacle des sévérités nécessaires au maintien de l'apprentissage, » c'est-à-dire des moyens indispensables pour contraindre l'affranchi au travail. » Plusieurs sont revenus, beaucoup ont demandé à revenir; depuis un an les évasions paraissent avoir cessé. » En un mot, les esclaves échappés se trouvaient à peine assez de jambes pour fuir le sol menteur de la liberté; le flot de l'évasion s'est renversé sur lui-même : *Vidit et conversus est retrorsùm.*

Voilà bien de quoi juger, soit en lui-même, soit par comparaison le sort du nègre français. Mais, depuis ces faits, la liberté complète, ou, plutôt, *l'indépendance* du nègre aux Antilles anglaises, paraît avoir tout bouleversé de rechef. Les désertions reprennent leur cours. En effet, plus de loi dans ces îles, si ce n'est celle que l'affranchi impose au maître pour le dépouiller légalement. Car si le maître refuse de se laisser ruiner en quelques années par l'énormité des salaires, l'abandon de la culture le ruine plus rapidement encore (1).

Un tel état de choses est-il normal? l'équité peut-elle le tolérer? Quoiqu'il en soit, et pour le moment, la politique s'oppose à sa durée. Cela suffit pour que l'Angleterre se repente, pour qu'elle se ravise. Et la voilà contrainte de travailler à la réforme de ses réformes (2)!... La sagesse se fût hâtée plus lentement.

Si nous exceptons l'immense étendue des Indes-Orientales, où la politique anglaise laisse peser sur l'esclave, qu'elle affranchit à l'occident, les plus atroces rigueurs des mauvais temps du paganisme, « l'esclavage toléré dans les colonies chrétiennes ne ressemble *què de nom* à l'esclavage pratiqué chez les païens. » Voilà ce qu'il est bien essentiel

(1) Consultez le rap. de Broglie, p. 291 à 300.

(2) Id. consultez le rap. de Broglie, p. 346.

de savoir, afin de ne point tomber dans la plus commune de toutes les erreurs; celle de prendre le nom, qui survit, pour la chose qui n'est plus. Dans les Etats païens « l'esclave était hors la loi commune à tous les citoyens, hors de la société, par conséquent, et il ne trouvait pas, dans le pouvoir public, d'asile contre l'oppression du pouvoir domestique auquel il était soumis. Ici l'esclave est beaucoup plus sujet de l'Etat, puisqu'il est protégé, dans sa personne et dans ses propriétés, par les lois mêmes qui protègent les citoyens (1). »

Abaissons, un instant, nos regards sur ces êtres du paganisme tellement vils qu'on ne les appelle pas même une chose, mais un néant : *Non tàm vilis quàm nullus.*

Il est peu de lecteurs qui ne se soient émus au récit (2) des indicibles misères de ces êtres tantôt désignés par un maître opulent pour le suppléer dans l'éducation de sa famille, tantôt choisis pour l'instruire lui-même. Aujourd'hui nommés pour servir à ses plus crapuleuses orgies, demain chargés de lui procurer, par l'effusion du sang, sous le fouet ou le fer, le spectacle toujours si délicieux pour un Romain des tortures et de la mort. Les maisons des champs, dont chacune était pour eux un bagne (*ergastulum*) ; les campagnes qu'ils arrosaient de leurs sueurs, les villes, les amphithéâtres n'ont pas un écho qui n'ait été fatigué de leurs gémissements ; l'histoire est riche du récit de leurs douleurs...

Les moins malheureux de ces êtres vivaient sous le toit de l'opulence. Dans les maisons de haut parage plus de deux cents esclaves attachées au service personnel de la matrone expiaient le malheur de leur condition en payant, de leurs larmes et de leur sang, tout incident qui provoquait la quinteuse et farouche humeur du despote féminin.

C'était dépouillées jusqu'à la ceinture que les femmes de condition servile s'approchaient de leurs maîtresses, soit à l'heure de la toilette, soit au moment où elles recevaient l'ordre de comparaître pour se prêter aux corrections dont l'instrument vulgaire était un fouet de fil d'archal, garni à ses extrémités de nœuds ou de petites boules de métal. Des épingles longues de plusieurs pouces jouaient un rôle

(1) De Bonald., légis. primitive, tome 3, p. 15, édit. de Paris, 1817. — Rap. de Broglie, p. 83, 84, etc.

(2) Extrait d'un ouvrage actuellement sous presse, chez Paul Mellier, éditeur, place Saint-André-des-Arts, n. 11. (Le monde avant le Christ).

habituel dans ces vengeances de la coquetterie ; et, lorsqu'une boucle importune persistait à contrarier l'aspect qu'elles s'efforçaient d'imposer à leur visage, ces fières matrones ne parvenaient à calmer leur impatience qu'en dardant ces épingles au sein ou dans les bras de leurs coiffeuses..... Lalage, dit Martial, jette le miroir à la tête de son esclave ; elle la bat, lui arrache les cheveux, la renverse à terre. Faveur insigne cependant, tant il est heureux pour la coupable de recevoir les coups de la main furibonde de sa maîtresse. Sinon, la punition revêt un caractère autrement terrible. Une esclave endurcie aux rigueurs de ce ministère accourt aux éclats de voix de la matrone, saisit sans pitié la délinquante, la suspend par les cheveux tantôt à une colonne, tantôt au montant d'une porte ; puis, dans cette posture, elle lui sillonne le dos à l'aide de courroies de cuir de bœuf ou avec des cordes garnies de nœuds pénétrants. Le supplice dure jusqu'à ce que l'exécuteur, tombant de fatigue, la maîtresse s'écrie d'une voix de tonnerre : assez, disparais (1)...

J'abrège, mais comment craindrais-je d'exagérer le récit de la tyrannie des matrones, dans cet âge de fer, où les poëtes, l'histoire des mœurs domestiques, le langage vulgaire offrent à chaque instant les noms génériques et variés des instruments et des modes de torture spécialement affectés à ces êtres de douleur. Réglant *ses actes sur ses croyances* l'homme du paganisme, qui se figurait descendre des dieux ou des héros, eût-il été raisonnable de s'abaisser à voir un frère dans son esclave?

Cependant la destinée des femmes eût été digne d'envie pour le vulgaire des hommes voués aux travaux et aux souffrances de l'esclavage. « Hors, le temps du travail ces malheureux (2), à qui on enviait les plus vils aliments, végétaient, enchaînés à la campagne dans des espèces de souterrains infects (*ergastula*) (3), que vivifiait, à peine, l'air du dehors. Livrés à la merci d'un maître avare et de surveillants impitoyables, on les accablait de travaux moins durs à supporter que les caprices cruels de leurs tyrans.

(1) Horrendum intonuit satis, etc.

(2) La Mennais, essai sur l'indif., tome 1er.

(3) *Ergastula*, bagnes conservés en Italie jusqu'à l'invasion des barbares. Denina, révolution d'Italie, tome 1er.

Vieux ou infirmes, on les envoyait mourir de faim sur une île du Tibre. Quelques Romains les faisaient jeter tout vivants dans leurs viviers, pour engraisser leurs murènes. Pour mettre plus de vérité dans les représentations du cirque on égorgeait sur la scène; on voyait Hercule brûlé vif, et Orphée déchiré par des ours chargés du rôle de bacchantes, » Atys forcé de se mutiler de ses propres mains (1); « enfin, l'homme était devenu si vil aux yeux des hommes, qu'on le tuait pour égayer les festins, pour passer le temps, et personne ne s'en étonnait! On sacrifiait à l'ennui des victimes humaines! »

Au sein des villes, dans ces moments de bonheur et d'allégresse où s'épanouit le cœur de l'homme, où ses facultés cherchent le rafraîchissement et le repos dans l'innocence des plaisirs, c'était avec de la chair d'esclave que les Romains charmaient leur désœuvrement. Le Cirque, les Naumachies dévoraient par milliers ces malheureux, consacrés à la mort pour la distraction de leurs maîtres!

Les Thermes, et dans les divers quartiers de la ville les amphithéâtres, les voyaient s'entre-détruire dans les genres les plus variés de combats singuliers ou de mêlées, aussi sanglantes que des batailles; et, d'autres fois, jouer leur vie contre les lions et les tigres de l'arène; contre les monstres de l'aspect le plus farouche et le plus inconnu. Tout ce sang, répandu à flots, c'était le lait du peuple qui venait y tremper son pain (2)....

J'ai hâte de m'arracher à ces horreurs, mais non pas avant d'avoir redit qu'il n'existait rien de sacré dans la personne de l'esclave; je devrais dire dans la chose *(res)*, dans le néant esclave *(non tàm vilis quàm nullus)*. La pudeur était un mot que les anciens n'eussent pu comprendre! On les connaît à cet endroit! Le vieux Caton avait organisé la prostitution de ses esclaves sous le toit de ses *ergastules*, au bénéfice même de ses esclaves, et dans des vues toutes bestiales d'économie domestique; encore, à cette époque, la prostitution grecque, étrangère aux habitudes romaines, n'imprimait point une dernière et inévitable souillure à l'esclavage! Bientôt après il fallut la subir et mêler aux ignominies de la souffrance celles de la volupté et de la crapule!

(1) Tertul. apolog.
(2) *Panem et circenses*, suite de mon travail : (Le monde avant le Christ).

Le christianisme, qui a refait la nature humaine, ne permet plus ces excès à l'homme, dans les régions où son règne est établi. Ailleurs, les bourreaux d'esclaves ne s'avisent guère de les torturer pour jouir du spectacle de leurs souffrances; les cirques ne nous sont plus connus que par la majesté terrible de leurs souvenirs et de leurs ruines. Mais la conscience des bourreaux modernes ne répugne point à laisser périr ces êtres de douleur sous le poids des travaux et de la faim. Une cupidité implacable exploite l'homme dans le monde asiatique, et je défie qui que ce soit de formuler un démenti, tant qu'il me sera donné de tenir l'histoire d'une main ferme. L'Angleterre prêche la philanthropie, et, faisant la part du beau et de l'utile, elle la pratique à l'ouest par l'abolition d'un esclavage étrangement mitigé déjà, tandis qu'elle rive, à l'orient, les fers les plus homicides de l'esclavage. Ses belles et attendrissantes paroles sont au service des plus faciles oreilles de nos bonshommes; les chaînes qui se façonnent sur les enclumes de Birmingham prennent une route qui n'est point celle de la tribune!

Transportons-nous donc au milieu de ces cent et quelques millions de sujets et de ces quelques millions d'esclaves dont l'Angleterre protége intrépidement les fers aux Grandes-Indes; (1) c'est-à-dire dans cette région qu'elle destine à devenir la dernière et l'unique colonie européenne cultivée par des esclaves; dans cette région à laquelle elle a sacrifié jusqu'à la prospérité de ses possessions de l'occident, afin de s'assurer, sur tous les marchés du monde, le monopole des denrées coloniales!

« La loi anglaise a maintenu la loi *indienne* (2) et la *loi mahométane* qui reconnaissent et *sanctionnent* l'esclavage, » selon l'esprit qui les anime. L'esprit du christianisme qui a rétabli les rapports naturels d'homme à homme, et qui, dans toutes les conditions, rappelle et ramène les descendants d'une même chair aux principes d'une sainte et praticable égalité et d'un amour mutuel, l'esprit du christianisme est donc banni de ces lois; le paganisme y revit dans ses atrocités. Et pourquoi ce mal? Est-ce que la scrupu-

(1) Lisez et relisez : *Philanthropie anglaise* et mille récits de voyageurs qui ne se sont probablement pas donné le mot pour nous servir.

(2) Jollivet, philanthropie anglaise, p. 31.

leuse Angleterre se sent véritablement arrêtée par la crainte de blesser un grand peuple dans ses sentiments religieux? Elle, le bourreau de l'Irlande catholique (1) et du catholicisme en Irlande! Elle ne respecterait donc, aux Indes, les monstruosités d'un esclavage, comparable à celui des anciens, que par égard pour l'esclavage moral de superstitions dégradantes et homicides, que les intérêts de son commerce peuvent lui défendre de heurter! L'amour du gain, je le vois, diffère de l'amour du prochain, et l'on n'est pas philanthrophe par cela seul qu'on soutient à coups de canons la vente frauduleuse de l'opium (2).

Aux Indes-Orientales, les parents vendent leurs enfants. Une personne libre peut se vendre. Les tribunaux ont la faculté de déclarer le débiteur esclave de son créancier. Le prisonnier de guerre devient esclave.

Le droit du maître Indien est absolu, *sans limites*. Il use ou abuse à son gré. Aucune loi ne prononce de peine contre le maître qui aurait *abusé* de son pouvoir (3)!

Les tribunaux ne peuvent enlever l'esclave Indien au maître qui l'aurait maltraité. Les nôtres ont ce pouvoir et toujours ils en usent! Bien plus, « notre loi donne la liberté à l'esclave pour assurer l'indépendance de son témoignage, et des magistrats (4) ambulants veillent à son bien-être! Les esclaves Indiens, attachés à la culture, peuvent être séparés de la terre qu'ils exploitent et vendus. Ces sortes de ventes deviennent, chaque jour, plus rares dans les colonies françaises. » Nous avons vu qu'elles y sont presque impossibles, elles le seront bientôt tout-à-fait. « Les esclaves Indiens, maris, femmes, mères et enfants (5), se vendent pêle-mêle ou isolément. Ces ventes n'ont point lieu dans nos colonies. » L'homme n'y sépare plus ce que les liens de l'Eglise ou de la nature ont uni.

(1) Sanguis martyrum, semen christianorum.

(2) Affaires de la Chine.

(3) Voir les papiers anglais des Grandes-Indes, de juillet 1843. L'Angleterre pousse la politique jusqu'à *paraître partager* les croyances superstitieuses et hideuses des Indous. Revue des Deux-Mondes, août 1843, p. 635, etc., etc. Jolivet, phil. ang., p. 32 à 40. — Parliamentary papers, 1839, n° 138, p. 311. En confirmation des faits cités par M. Jollivet, lisez : la domination anglaise dans l'Hindoustan, Revue des Deux-Mondes, août 1842. Le sort des pauvres Hindous, même libres, égale-t-il le sort de nos noirs? Page 628 à 646, etc., etc., etc.

(4) Voir le rap. de Broglie, p. 224.

(5) Id. philanthropie anglaise, parliam. pap., n° 128, p. 183, 404.

Les esclaves Indiens sont traités avec dureté par leurs maîtres. Ils sont, en général, logés dans de misérables huttes, à demi-nus, *à peine nourris*. Ils ont une apparence rachytique ; leur grosseur hydropique contraste avec le maigreur de leurs jambes et *de leurs bras de squelettes.* Le révérend Joseph Fenn déclare que ces esclaves (au nombre de 100,000 dans le Malabar seulement), sont dans *un état de dégradation tel qu'on a peine à les reconnaître pour des créatures humaines* (1).

« Les esclaves Indiens sont complétement abandonnés dans leur vieillesse et dans leurs maladies (2). Les maîtres ne leur donnent point de médecins, aussi meurent-ils en grand nombre dans les épidémies. Ils travaillent *pendant tout le temps que les maîtres le veulent*, du matin jusqu'au soir, sans autre interruption que celle du repas!

Ils n'ont point de jour de repos ; ni lois ni mœurs ne les autorisent à posséder. — Tous les noirs jouissent, dans nos colonies, d'autant de terrain qu'ils peuvent en cultiver ; et, des revenus de ce terrain, ils achètent. Propriétaires de moutons, de mulets, de bœufs, de chevaux, ils trafiquent pour leur propre compte. Vous rencontrez tel esclave industrieux nageant dans l'abondance ; et l'on vous nommera tel autre qui se trouve assez riche pour prêter à son maître du fruit de ses épargnes.

En présence des souvenirs du paganisme et des faits hideux de l'esclavage indien, conserverons-nous le nom d'esclaves à nos noirs, persistant à confondre, sous une dénomination identique, deux états si différents ? Disons-le avec autant de hardiesse que d'autres le pensent : la plus grande force des abolitionnistes exagérés est dans ce nom d'esclave, derrière lequel l'ignorance s'opiniâtre à voir ce qui s'y trouva jadis, ce qui s'y rencontre encore, mais ailleurs que dans nos îles ! Si l'on eût pris le soin de changer le mot, à l'imitation des républicains de l'Union-Américaine, qui se sont bien gardés de ne point remplacer, par exemple, le nom de domestique par celui d'*aide*, les réformes fussent arrivées à un pas réglé par la prudence. —

(1) Id. n° 128, p. 3, 7, 9, 23, 27, 33.

(2) « Les magistrats chargés de l'inspection des habitations attestent que nulle part dans nos colonies les noirs ne se plaignent à ce sujet et n'auraient raison de se plaindre. » Entretien, logements, vêtements, vivres, soins médicaux, etc. Rap. de Broglie, p. 224, 225, etc.

Quel rapport entre ces victimes, livrées pieds et poings liés aux monstrueuses exigences de la cupidité, et ces noirs auxquels un maître bienveillant doit et accorde jusqu'aux superfluités du bien-être ; jusqu'aux moyens de se racheter si l'ardeur d'une liberté dont ils se sentent dignes leur bat au cœur(1) ; eux, qui ne doivent *exactement* à ce maître qu'un nombre réglé d'heures de travail, pendant un nombre déterminé des jours de la semaine !

« Qui pourra nous expliquer comment la philanthropie anglaise, si susceptible à l'endroit de l'esclavage américain, se trouve tellement accomodante quand il s'agit de l'esclavage dans les Indes (2) ? »

De quoi s'agit-il donc, véritablement, dans les prétentions hautaines de l'Angleterre ; dans ce droit odieux de visite, si vivement provoqué par toutes les bouches dont elle dispose ? Est-il question de fermer les plaies de l'humanité souffrante ? Mieux exercées que les siennes aux œuvres de la charité les mains de la France seraient toutes prêtes à l'aider, mais à la condition de commencer par les plus saignantes, et de ne point épuiser, *aux dépens de notre substance*, notre sensibilité et notre énergie sur des plaies imaginaires. L'Angleterre qui profite de la profondeur de notre sommeil pour s'occuper avec un si vif intérêt de nos affaires, nous permettra-t-elle de jeter un coup-d'œil sur les irrégularités sociales que son état nous présente ?

Ces digressions apparentes nous conduisent par la voie la plus directe à notre but : *Au plus pressé ;* car nous les cherchons ces plaies avec d'autant plus d'empressement qu'elles nous donnent la mesure de la loyauté de ces docteurs étrangers dont les lèvres nous prêchent une philanthropie aussi profitable à leur grandeur que fatale à la nôtre, *par l'inopportunité de ses exigences.* Reprenons d'assez haut pour que notre esquisse donne une certaine valeur d'ensemble à cet aperçu.

Que dire, que penser seulement, si nous évoquions du sein de l'histoire, les siècles d'oppression de l'Irlande ! Soyons rapides comme le fer et le feu qui sous Élisabeth et sous Cromwel la transforment en un théâtre d'extermina-

(1) Consultez la déclaration du gouverneur de la Martinique, M. Duval-d'Ailly, d'après les rapports des magistrats chargés par l'ordonnance du 5 janvier 1840, de visiter les habitations, Moniteur, 17 février 1842.

(2) Philanthropie anglaise, p. 40.

tion, d'abord, puis, en un affreux désert, repeuplé par les fils de l'incendie et du carnage! Voyez, la loi sévit quand le fer est las ; et des confiscations, en masse, chassent les populations, presque réduites à l'état sauvage, au sein des montagnes et de forêts inaccessibles. Puis ce silence qui vous glace d'effroi c'est la paix de l'Irlande.

Vous plaît-il de savoir de quelle sorte l'Angleterre en agit avec des sujets qu'elle flétrit du nom de rebelles toutes les fois que la nécessité de vivre (1) les soulève contre les actes les plus dégoûtants de la tyrannie? Écoutez: l'ordre est donné, et *puritainement* suivi « d'attaquer, tuer, massacrer (2), anéantir tous les rebelles, leurs adhérents et leurs complices. (C'était tout le monde.) De brûler, détruire, dévaster, piller consumer, démolir, toutes les places, villes, maisons où les rebelles sont secourus et reçus; toutes les moissons, blés ou foins qui s'y trouvent; tuer et anéantir tous les individus mâles, capables de porter les armes, qu'on trouvera dans les mêmes lieux. »

Pour rénover et protestantiser l'Irlande, la peine de mort était décrétée contre tous les grands propriétaires. Mais (3) la grande difficulté c'était d'expulser les pauvres, on se mit donc à les déporter. Ils furent vendus dans les colonies en qualité d'esclaves.

Cependant comme les catholiques se trouvaient encore huit contre un, on ne voulut plus les souffrir que dans la seule province de Connaught. Le premier venu pouvait tuer tout catholique qui s'avisait d'en franchir la limite. L'enfer ou Connaught, ce fut le cri de la pitié Anglaise. Quiconque rentrait dans sa propriété se déclarait rebelle, par ce fait, à ce qu'on appelait la loi!

La persécution devint une science profonde; elle progressa par les hypocrisies de la chicane, par des hommes d'affaire, par des lois atroces qui insultaient à l'homme dans toutes ses pensées, dans ses plus intimes affections, dans le moindre ou le plus élevé de ses sentiments et jusque dans les droits sacrés de la paternité.

(1) Lisez *surtout* : l'Irlande sociale, politique et religieuse, p. G. de Beaumont, tome 1er, p. 36, 39, 40, vous trouverez dans ce livre de quoi désabuser les plus robustes préjugés sur la philanthropie britannique. Toute bibliothèque moderne est incomplète si cet ouvrage n'y figure.

(2) G. de Beaumont, Irl., id. noyades, p. 51, années infernales, p. 53.

(3) Id. Irl., p. 55, 59, 60, etc.

Mais écoutez bien ! Vous y êtes ? Écoutez mieux encore. « *L'objet religieux* des persécutions était perdu de vue (1), *tandis que les avantages matériels* qu'on en tirait ne cessaient d'être vivement sentis. » Toute l'Angleterre est dans ce fait ! Car elle est religieuse, — je le veux bien. Elle est philanthrope, — vous en pourrez juger ; mais, avant tout, elle est implacablement cupide. Une seule voix dit-elle : Non ?

L'Irlande flagellée n'a d'autre trêve à ses douleurs que les terreurs de l'Angleterre. Le soulèvement de l'Amérique et la révolution française furent pour elle une halte entre les habits rouges et les légistes, autrement redoutables que ces premiers !

Mais le génie Britannique se fatiguait promptement du repos. Il faut lire le livre que j'ai cité, ou bien il faut descendre au fond de l'enfer, pour se former une idée des raffinements et des tortures employés contre cette malheureuse nation. L'histoire des peuples anciens, aux plus mauvais jours du paganisme, ne rappelle rien de comparable. C'est un enchaînement d'atrocités que la poésie du crime s'efforcerait en vain d'égaler. Le génie de Néron n'y eut point suffi. Toute une nation se fait bourreau De la première page à la dernière on n'entend qu'un cri : Le cri du sang ; qu'un râle !... Patience ; ce prélude était nécessaire, nous arrivons aux temps modernes ; ceux qui importent le plus à notre comparaison. Laissons, un peu, parler ce livre. Quelques traits épars me rendent dans toute sa vérité cette Irlande que j'ai vue. Je la reconnais ; comment s'y tromper ?

... « Qu'on se représente quatre murs de boue desséchée que la pluie, en tombant, rend sans peine à son état primitif ; pour toit un peu de chaume ou quelques coupures de gazon ; pour cheminée un trou grossièrement pratiqué dans le toit et, le plus souvent, la porte même du logis par laquelle seule, la fumée trouve une issue ; une seule pièce contient le père, la mère, l'aïeule, les enfants. Point de meubles dans ce pauvre réduit. Une seule couche composée ordinairement d'herbe et de paille, sert à toute la famille. On voit accroupis dans l'âtre cinq ou six enfants demi-nus, auprès d'un maigre feu dont les cendres recouvrent quelques pommes de terre *seule nourriture de toute*

(1) P. 119 à 120.

la famille. Au milieu de tous gît un porc immonde, seul habitant du lieu qui soit bien, parce qu'il vit dans l'ordure. La présence du porc au logis semble, d'abord, un indice de misère; il y est, cependant, un signe de quelqu'aisance, et l'indigence est surtout extrême dans la cabane qu'il n'habite pas .. Cette demeure est bien misérable, cependant ce n'est pas celle du pauvre, proprement dit. On vient de décrire l'habitation du fermier Irlandais et de l'ouvrier agricole. » Quel seigneur est le nègre de nos Antilles à côté de ce misérable !

« Tous étant pauvres n'emploient, pour se nourrir, que l'aliment le moins cher dans le pays : les pommes de terre; mais tous n'en consomment pas la même quantité. Les uns, et ce sont les privilégiés (1), en mangent trois fois par jours ; d'autres, moins heureux, deux fois ; ceux-ci, en état d'indigence, une fois seulement. Il en est qui, plus dénués encore, demeurent un jour, deux jours même, sans prendre aucune nourriture. Cette vie de jeûnes est cruelle et, pourtant, il faut la subir sous peine de maux plus grands encore. Celui qui fait un repas de plus qu'il ne peut, qui jeûne une fois de moins qu'il ne doit, est sûr de n'avoir point de quoi se vêtir, et, encore, cette prudence, cette résignation à souffrir, sont souvent stériles.

Quelque soit le courage du pauvre cultivateur à supporter la faim, pour faire face à d'autres besoins, il est en général nu, ou couvert de haillons, transmis, dans la famille, de génération en génération. Dans beaucoup de pauvres maisons il n'y a qu'un habillement complet pour deux individus, ce qui oblige, presque toujours, le prêtre de la paroisse à dire plusieurs messes le dimanche ; » on porte ces vêtements à tour de rôle.

Aux jours de fêtes, les vêtements du nègre sont plus riches que ceux de son maître. Mais, allez parler à l'Irlandais d'un jour de fête ! Il en est un pour lui, cependant, c'est le jour où la faim ne lui travaille point les entrailles.

« La misère Irlandaise forme un type à part dont le modèle et l'imitation ne sont nulle part. Chez toutes les nations on trouve plus ou moins de pauvres ; mais tout un

(1) Nous disons en France qu'un homme vit de pommes de terre lorsqu'il n'a rien autre chose, à peu près, à manger avec son pain. En Irlande, vivre de pommes de terre, c'est tromper la mort, grâce à une dose quelconque de cet unique aliment. Après M. de Beaumont, je puis parler net, sans redouter l'accusation d'hyperbole.

peuple de pauvres, voilà ce qu'on n'avait pas encore vu, avant que l'Irlande l'eût montré !

Il n'est pas douteux que le plus misérable de tous les pauvres d'Angleterre ne soit mieux nourri et mieux vêtu que le plus heureux des agriculteurs d'Irlande (1). »

Rappelons-nous bien cette assertion ; nous aurons tout-à-l'heure à comparer, elle nous fera frémir.

« La condition qui, dans ce pays est supérieure à la pauvreté serait, chez d'autres peuples, une affreuse détresse et les classes misérables dont, chez nous, avec raison, on déplore le sort, formeraient, en Irlande, une classe privilégiée (2). »

« Tous les ans, à peu près à la même époque, on annonce en Irlande, le commencement de la famine, ses progrès, ses ravages et son déclin. »

« En 1838 la presse française enregistrait ce cri et disait le nombre de personnes qui, en un seul mois, étaient mortes de faim (3). Soit égoïsme, soit humanité, beaucoup se plaisent à penser que le mot famine n'est qu'une expression métaphorique qui signifie une extrême détresse, et non le terme propre pour exprimer l'état de gens réellement affamés et mourant faute d'aliments.

En 1817 des fièvres causées par l'indigence et la faim atteignirent un million cinq cent mille individus dont soixante-quinze mille périrent.

Les commissaires de la grande enquête faite en 1835 par le gouvernement anglais estiment qu'il y a en Irlande près de trois millions d'individus qui, *chaque année*, sont sujets à tomber dans un dénûment absolu. Outre ces trois millions il y a des millions de malheureux qui, *ne mourant* pas de faim, ne sont pas comptés.

Enfin, pour donner, d'un trait, un aperçu de l'état de l'Irlande il suffira de rappeler que, tous les ans, cette famine dont l'effet est de moissonner les têtes humaines par milliers « dure, en général, de trois à quatre mois. Elle commence vers la fin d'avril, époque à laquelle les pommes de terre commencent à être mauvaises parce qu'elles germent, et dure jusqu'à la fin d'août, époque de la nouvelle récolte. (4). »

(1) P. 205, Irlande, id.
(2) 206, id.
(3) 207, id.
(4) *Note*. Id. p. 377.

Cette misère, il a été donné à mes yeux de la comparer avec un dénûment bien proverbial, celui du lazarone napolitain. Oh ! combien le pauvre Irlandais doit envier le sort de ce dernier !

Mais afin qu'il soit impossible de m'accuser d'exagérer dans l'intérêt de la question qui m'occupe, je reviens au parti de me citer moi-même. J'extrais les lignes qui vont suivre d'un article semi-léger, accueilli par une publication périodique dans un numéro dont la date est postérieure de plusieurs années à l'année présente. Croyant à peine mes propres souvenirs, et les repoussant comme un cauchemar, je n'osai même reproduire mes notes qu'en les affaiblissant, à tel point la plus palpable réalité me semblait peu digne de croyance. Le livre de M. de Beaumont m'était encore inconnu ! Cependant un chapitre de l'illustre Augustin Thierry (1) aurait pu me donner quelque confiance. Mon journal de voyage m'était devenu suspect.

« La misère du pauvre Irlandais, affichée par ses haillons flottants, est d'un caractère si particulier qu'il faudrait avoir recours aux subterfuges de l'art pour la peindre sans outrager la pudeur. Ces plâtres académiques, porte-manteaux improvisés de nos plus nécessiteux artistes de septième étage, en donneraient une trop imparfaite idée lorsque vous les voyez affublés du tiers de la piteuse défroque de leur maître. Chaque membre a sa portion de vêtements, nulle portion n'est complète, et partout une chair macérée saisit l'œil.

Il faut voir ces mendiants, l'œil creux, le visage sec et hâve, tantôt avec le masque de l'abrutissement attaché par l'excès des souffrances ; tantôt avec une empreinte de douleur, si profonde qu'on en chercherait, en vain, l'expression ailleurs que dans les traits du Christ expirant sur cette croix à laquelle les a garottés la foi de leurs pères et que l'Angleterre leur a faite si pesante...

Viennent, après cela, de phlegmatiques Anglais (2) imputer à ces malheureux les vices dont ils leur composent un si riche cortége ! La paresse... l'astuce... l'abus des liqueurs, lorsqu'une pièce d'argent vient à leur tomber

(1) Conquête de l'Angleterre par les Normands ; sur l'Irlande.

(1) Les Anglais sincères, la plupart des Anglais, car je me garde bien de confondre l'individu avec le gouvernement, doivent à l'intrépide persévérence d'Oconnel d'avoir renoncé à leurs préventions contre l'Irlande.

sous la main !... L'ignorance, la superstition, la saleté même, fruits d'un système meurtrier que la pitié publique des protestants ne songe pas, seulement, à mitiger ; à ces incriminations que n'ajoutent-ils la faim ?

..... Oui, des quartiers entiers de Dublin, cette ville magnifique, répugnent à l'œil de la froide délicatesse. La charité seule peut les contempler. Rappelez-vous, à la suite de longues sécheresses l'aspect des allées d'un jardin. L'atmosphère vient-elle à se détendre, des myriades de vers percent le sol, s'y étalent, s'y vautrent, avides de humer la moiteur... Tel est, entre autres, le spectacle offert par le quai magnifique qui file le long de l'Anna-Liffey, en regard de la douane, lorsque le soleil d'Irlande venant à se déplâtrer y laisse tomber quelque rayon. Alors, les caves se dégorgent ; c'est là que croupissait le pauvre Irlandais ; le pavé se garnit, les corps s'alignent perpendiculairement aux murs, par files immobiles, et ces rangées d'un aspect cadavérique restent là, autant que le permet le caprice du climat, à s'imbiber d'air et de chaleur. Il s'en faut bien que les lambeaux roulés autour de leurs corps arrêtent l'œil partout où la pudeur l'exige. Mais, au travers de cet immonde uniforme de la dernière indigence, on distingue la race superbe des hommes qui portent les mousquets de l'Angleterre. Cette idée ferait frémir pour la Grande-Bretagne si la France.....

Oh ! combien est doux le sort du Lazarone ! Le ciel lui sourit, la terre le comble et l'air lui sert de vêtement. Aussi ne dit-on point que dans le royaume de Naples, comme dans le royaume de l'Irlande, les fléaux aient assez énergiquement travaillé la population, ces dix dernières années, pour la diminuer du chiffre énorme de 700,000 individus (1).....

Une odeur, aussi nauséabonde que pénétrante, poursuit l'odorat, dans les quartiers voués à la misère ; cette misère semble vouloir attaquer la pitié par un sens de plus ! »
Et je ne décrivais dans ces lignes que le spectacle offert par la capitale ! Que dire de ces campagnes où l'hospitalité trouvait encore un sourire pour notre bienvenue ! *O vos omnes qui transitis per viam, videte si quis est dolor sicut dolor meus.....*

Nous ne saurions, en vérité, sans calomnier la France,

(1) 1843, actes du comité du *repeal*, septembre.

comparer la prospérité du nègre, l'affluence de ses ressources, les douceurs de l'état que lui font et la loi et son maître, avec cette inénarrable misère, cette habitude de famine, de nudité, d'épuisement ; ces ineffables douleurs de la patrie d'O'connell. Que dire de cet enfer où la tyrannie britannique compte, sur neuf millions d'hommes, près de huit millions de réprouvés qu'elle appelle sujets, et *sujets libres!* de cette région dont le souvenir brise et navre le cœur! Là comme l'imagination ne conçoit pas un désordre qui puisse égaler un si monstrueux désordre, comment trouver mauvais que la justice, prenant son jour et son heure, laisse éclater dans la bouche d'O'connell, *le légal*, cette parole de tempête : agitez, agitez... Le sommeil, ce serait la léthargie, la mort. — Mais, aux colonies, l'action suffit, une action mesurée, ennemie d'injustes lenteurs, mais qui remplace « *la paix tranquille de la servitude*, (1) » qui, peut-être, vous étonne et vous courrouce, un peu moins maintenant, par la paix, également tranquille, d'une sage liberté. Cette doctrine nous paraît convenable, digne de l'esprit humain, digne surtout de l'esprit français, et nous ne savons par quel côté l'envisager pour la trouver « *fausse et odieuse.* (2) »

Cependant l'Angleterre oublie le sort affreux de ses esclaves orientaux ; elle oublie, si ce n'est lorsque la voix d'O'connell la fait tressaillir, elle oublie l'Irlande. Cette future vengeresse du monde, peut-être, s'il lui arrive, un jour, de se venger de ses siècles de tortures! Elle perd ses yeux à répandre des larmes sur le sort du nègre français, « plus heureux que son maître! (3) »

Eh! mon Dieu! tandis que son oreille quête le vent et poursuit, fuyant sur les airs, les sons de l'humanité plaintive, n'est-ce point lui rendre un service digne d'actions de grâce que de la ramener à elle-même et de la fixer un instant dans le sanctuaire des grandes douleurs.

Que de précieux documents se sont égarés sous ma main à une époque où il n'entrait guère dans mes prévisions d'avoir à leur accorder un regret. Cependant, mon indigence n'est point sans nerf.

L'esclavage en Angleterre, voilà le titre du rapport offi-

(1) Voir le rap. Tocq., p. 2.
(2) Voir id. p. 2.
(3) Rap. de Broglie, p. 134.

ciel que j'examine. En Angleterre, c'est-à-dire là où il n'est permis à aucun Anglais d'en ignorer les horreurs et les phases. — L'esclavage courbant sous les réalités de son odieux régime ces hommes dont nous avons admiré le fier et national refrein : l'Anglais ne sera jamais esclave. *Britons shall never be slaves*. Esclaves !... nous avons vu le mot ; l'Angleterre *émancipatrice* nous montrera la chose ; tout l'orgueil de sa pourpre cache mal ses ulcères.

Le document que je produis n'émane pas d'une main hostile, ce sont des plumes anglaises qui l'ont tracé, c'est le travail d'une commission exposé sous les yeux des deux chambres du parlement britannique. (1)

Bornons-nous à tirer hors de l'effrayante accumulation de faits officiellement constatés, quelques exemples propres à démontrer l'énormité du travail, et des sacrifices de bien-être et de santé, que le luxe impose, *sous peine de mort*, à l'indigence métropolitaine.

Sers ou meurs, voilà le mot que nous jette, en passant, chacune de ces révélations dont nous allons suivre l'ordre ou plutôt le rang.

« Londres compte environ 15,000 ouvrières en articles de toilettes (2). Les jeunes filles embrassent cette profession de quatorze à seize ans, c'est-à-dire à l'âge où les soins, et de simples précautions de régime, décident de l'avenir de la constitution. La plupart arrivent de la campagne, brillantes de fraîcheur et de santé. Dans les principales maisons le travail *régulier*, d'avril à août, et d'octobre à janvier, occupe dix-huit heures par jour (*deux journées de nègres*) et *souvent plus !* (3)

Cinquante de ces jeunes filles travaillent quelquefois dans une pièce mal aérée. Leurs dortoirs sont encombrés, — nous en avons vu jusqu'à cinq dans le même lit. — Le mouton froid forme leur principale nourriture ou plutôt, elles vivent de thé, de pain et de beurre. Des stimulants qui les tiennent aptes à veiller, renforcent ce triste régime. Dans le coup de feu de la saison, il est point rare de voir

(1) Tout le monde peut se procurer à Paris : The London and Paris, observer Paris, n° 935, March. 26, 1843. From the Athenœum. *Slavery in England.* Report. and appendices of the children employment commission presented to both houses of parliament.

(2) *Milliners dress makers.*

(3) *Note.* Je ne traduis point mot à mot, mais j'extrais les faits avec une scrupuleuse exactitude. Il est facile de se procurer ce rapport dont j'indique la source.

ces malheureuses passer au travail trois nuits entières, par semaine. — M[ss]. O'Neil, (Welbek Street) qui travaille enfin à son compte, déclare qu'à l'occasion du deuil de Guillaume (4) elle travailla, sans se coucher, à partir du jeudi quatre heures du matin, jusqu'au dimanche matin dix heures et demie. — Pour échapper au sommeil elle se tint, debout, presque toute la nuit du vendredi ainsi que la journée et la nuit du samedi, ne s'asseyant qu'une demi-heure. Le dimanche elle se coucha, mais il lui fut impossible de dormir.

Une autre, quoique malade, travailla vingt heures par jours, trois mois durant! Le médecin fit ses objections; ordonna à la déposante de s'aliter au moins pendant une journée entière. La maîtresse s'y opposa, fit lever la malade et congédia son docteur.

M. D. est prêt à affirmer, sous serment, qu'il a vu plusieurs jeunes filles tellement épuisées de fatigue qu'elles étaient réduites à se coucher par terre *pendant une heure* avant de pouvoir se déshabiller. Aux jours ouvrables, lorsque le nègre a fini *sa tâche, de neuf heures*, il travaille pour lui, ou court au loin; sinon il se livre, pendant des heures consécutives, aux danses les plus violentes, les plus délirantes, la danse du *Bamboula*; puis souvent, à la débauche; ni le temps, ni les vivres, ni les forces ne lui manquent. — Mais il est esclave! Ces faibles filles sont libres: c'est-à-dire qu'elles ont le choix entre la tâche quotidienne de deux ou trois esclaves, ou la mort!

Rendre témoignage à la vérité de ces faits c'est risquer de se voir expulsé de ces maisons où le travail, après tout, c'est le pain avant la mort, au lieu d'une mort immédiate!

» Aussi M. Grainger est-il forcé d'établir que son rapport reste, en plusieurs points, *au-dessous* de la vérité, par suite de l'intimidation des témoins. La crainte de la disette leur scelle la bouche. And Britons shall never be slaves!

» Il est rare de voir une santé résister à ces épreuves; la plupart succombent à des maladies de cœur ou de poumons. — » cet état, ce n'est déjà plus l'esclavage, c'est l'agonie d'une mort lente, *a slow death*. Une de ces mourantes disait: *j'avais trop peu de temps pour me mettre au lit;* je dormais enveloppée dans une couverture. (1)

(1) To sleep, on the rug.

Le docteur Devonald déclare que *nul animal* ne serait capable de supporter, avec si peu de repos, une si forte continuité de travail.

La fatale destinée de celles qui sont attachées aux grands établissements de deuil est une cécité précoce. Une des déposantes, complètement aveugle à l'âge de dix-sept ans, déclare avoir été contrainte de rester neuf jours et neuf nuits sans se déshabiller. — On ne lui permettait de dormir qu'une heure ou deux, par hasard, sur un matelas étendu à terre. Sa nourriture était placée près d'elle, *en morceaux tout coupés*, afin d'économiser le temps !!!...

Transportons-nous, sans transition, hors de la capitale, dans les manufactures de dentelle. En 1835 l'Angleterre en a fabriqué pour 50 et quelques millions de francs. On la croit en voie de progrès.

Eh bien ! se l'imaginerait-on ? *la bienveillante et charitable industrie*, l'industrie si philanthrope, à l'endroit des paroles, trouve le moyen d'utiliser pour cette œuvre, non pas encore précisément l'enfant conçu, « mais l'enfant de trois à quatre ans auquel elle se contente de demander de douze à quatorze heures de travail, par jour ! (1) — Et ces enfants n'ont aucun temps réglé pour le sommeil et la récréation ; on les appelle à tout instant des vingt-quatre heures ; on les envoie, souvent, d'un lieu de travail à l'autre à *des distances considérables, à tout instant de la nuit, en toutes saisons.*

M. le commissaire nous apprend que la petite Marie ; enfant de quatre ans, *pratique* depuis l'âge de deux ans, comme ses deux compagnes Anne et Elisa, etc. » L'enfant du nègre ne commence à entrer au *petit atelier* qu'à quinze ou seize ans ! (2)

« Nous avons, ainsi que bon nombre de nos lecteurs, entendu parler du *cordial de Godefroy*, confectionné *pour apaiser les enfants* dans les districts où l'excès de la misère oblige les mères à travailler au lieu de soigner leurs nourrissons. — Mais nous étions loin d'être préparés aux horreurs du système d'empoisonnement, signalé dans le rapport. »

Un seul pharmacien dépose, devant le coroner, avoir

(1) Children, as young as three or four years old, who work, even at that age' from 12, to 14, hours. per day !

(2) Voir le rap de Broglie, etc., etc., p. 92, etc., etc.

employé treize cents livres de thériaque à la confection du cordial pour lequel on rejette le laudanum ordinaire comme trop faible. Les mères soumettent les enfants à ce traitement aussitôt que possible après leur naissance..... L'enfant traité de la sorte, reste plusieurs heures dans un état de stupeur léthargique sur le giron de sa mère, qui se trouve libre, alors, de vaquer à son travail.

Les enfants pâlissent, se décolorent, leurs traits se tirent, un rapide amaigrissement les consume et la plus grande partie succombent au moment d'atteindre leur deuxième année! — Cette mort c'est, pour la mère, la liberté du travail!

Aussi, l'usage d'administrer le laudanum pur comme *plus efficace que le cordial*, commence-t-il à prévaloir! Les enquêtes donnent à penser que, dans un grand nombre de cas, la misère porte *les mères* à souhaiter des résultats plus prompts encore!

Passons, maintenant, à des ouvrages d'une délicatesse un peu moindre... Nous voici dans le district de Wolverhampton, *semblable* à ceux de Sheffield et de Birmingham. C'est le fer que la main de l'homme y met en œuvre et dont elle y assouplit la raideur.

Le commerce de la plupart de ces manufacturiers est monté sur une petite échelle ; nous en comptons jusqu'à deux cent soixante, parmi les serruriers seulement. Dans les étroites cavernes et dans les ruelles indéfinissables (*nameless*), où logent ces ouvriers, des nichées d'enfants (*nesfull*), sont occupés à mettre la dernière main aux petits objets destinés à être vendus ensuite aux commerçants en gros. — La masse des artisans travaille et vit (on appelle cela vivre en Angleterre!) dans ces ruelles qui ont rarement un pas de large, (*a yard*), et dont les immondices, sans cesse coulantes, inondent toute la largeur. — Le pavé revêt rarement le sol de ces bouges ; tout y est délabrement et saleté. (1)

Si la ville n'est point dévastée par la fièvre, c'est grâce à son site incliné et à l'abondance de ses eaux .. Lorsque les enfants ne se tiennent pas en garde contre le jeu de l'une des machines, qu'on ne se donne, nulle part, la peine d'entourer, il ne leur arrive guère d'autre mal que de perdre un

(1) Consultez, parmi des documents fort édifiants, mais qui *sont loin* d'être le plus décisifs, les travaux de M. Léon Faucher, sur Londres, Liverpool, etc., etc.

doigt, enlevé à la première ou à la deuxième phalange... C'est pure négligence de leur part, disent les maîtres!..... Rarement perdent-ils la main entière!

La nature invariable et mécanique de tous ces procédés, pendant la durée tout entière de la journée, jointe à la certitude mathématique du résultat, produisent une double fatigue dont l'effet est d'user en même temps le corps et l'esprit.

Cette monotonie d'un même acte, sans cesse répété de la même manière, ces travaux accablants, par l'uniformité et la durée, abrutissent l'homme. Il n'est rien d'approchant, à coup sûr, dans les travaux variés et modérés du nègre!

La tâche de ces enfants une fois terminée, on ne paraît en prendre aucun soin. Ils traînent dans les rues, trop fatigués pour jouer, et ne tardent pas à se diriger vers leur grabat. L'usage constant de la lime et l'habitude de position forcées, affligent cette classe d'une difformité générale. Vous les voyez, tous, plus ou moins maladifs, étiques et contrefaits, particulièrement les filles dont les omoplates se déplacent au point de produire la ressemblance d'un dos de cigale. Leur stature est rabougrie, l'âge de puberté retardé. Leurs longues et mélancoliques figures, leurs regards hébétés, semblent refléter un vague sentiment des sévices progressifs auxquels les assujettit la nécessité du pain quotidien. »

L'enfant du nègre ne travaille que lorsque l'âge l'a rendu robuste; sa tâche est graduée selon ces forces; jusque-là, il vit entouré de soin et de caresses, avec les enfants du maître; sa gaîté annonce l'état de son âme. — Que dirait l'européen si le planteur osait recourir au *cordial de Godefroy*, comme moyen de se procurer le travail des mères par le sommeil empoisonné des enfants? — Mais l'enfant du nègre est un esclave..... et l'Anglais ne sera jamais esclave! *And Britons shall never be slaves*..... (1) Jamais, non plus, les nègres de nos colonies, abrutis, sans doute, par l'esclavage, ne consentiraient à changer les *douceurs de leur servitude* (2) contre le régime atroce auquel la misère et la faim soumettent, par centaines de mille, les citoyens de la puissance émancipatrice.

(1) Refrain de cette insulte aux nations, sous forme de chant national : *Rule britannia rule the waves*. Règne, règne sur les flots, etc., etc.

(2) Consultez le rap. de Broglie, p. 134.

« L'ivresse et la dissolution habituelle de ces ouvriers gangrène leurs enfants. La plus grande partie de cette population, étrangère à presque toutes les idées d'ordre et aux habitudes de la prévision et de la civilisation, expie par un jeûne de quatre ou cinq jours de la semaine les excès de deux ou trois autres journées.... » Il nous reste à examiner l'esclavage en Angleterre sous une forme non moins rigoureuse, mais un peu plus crue.

« Une coutume singulière et curieuse de ces districts consiste, pour les ouvriers, à accepter, de la part de leurs maîtres, des prêts à terme constituant un quasi-vasselage. Le prêt forme, généralement, un capital qu'un fort petit nombre de ces hommes imprévoyants ou pauvres sont capables de rembourser, et dont le montant se dissipe habituellement, en une semaine ou deux, dans un roulement de débauches. — Cette somme est prêtée sur contrat écrit où l'ouvrier s'engage, exclusivement, à son maître, ou aux agents de celui-ci, jusqu'à ce que les avances soient remboursées par *paiements hebdomadaires* (remarquez bien l'expression). Enfin le maître se réserve la liberté de déduire ces paiements des gages alloués au travail.

Le contrat limite quelquefois la période du service ; mais alors même, l'ouvrier résiste rarement à la tentation d'un nouveau prêt, s'il lui est offert; et montre bien plus d'empressement à recevoir une nouvelle avance d'un schelling et demi par semaine, qu'à s'acquitter de ses dettes. Le but du maître est d'imposer *la durée du service*. S'il arrive qu'on se sépare d'un consentement mutuel, l'ouvrier passe au maître qui succède, avec son ancienne dette, c'est-à-dire avec la chaîne qui le tient au cou. Il est rare, en ce cas, que le nouveau maître ne s'efforce pas de faire agréer un nouveau prêt; et l'ouvrier reste dès-lors sans moyens de se dégager de cette perfide accumulation de dettes. Car si nous le supposons possesseur de la somme nécessaire pour se libérer, le maître va refuser de la recevoir en un seul paiement ; sa cupidité aussi implacable que savante, exigera le service jusqu'à l'apurement, par versements hebdomadaires (1).

Dans ces circonstances des ouvriers se rencontrent fréquemment, qui refusent de la manière la plus positive la

(1) *Shylock.* I Will have my pound of flesh. (*Shakespeare, juif de Venise*). Je veux avoir ma livre de chair humaine.

continuation de leurs services; vaine résolution, car non moins de deux cent quarante *furent jetés en prison, pour ce délit*, dans le cours des quatre dernières années (1); le maître ayant, évidemment, *le droit légal* d'exiger l'accomplissement des termes précis du contrat, aussi bien *pour le service* que *pour le paiement*. En effet, lorsqu'un homme tombe d'accord de travailler jusqu'à ce qu'il ait remboursé à son maître cinquante-deux schellings, à un schelling *par semaine*, et qu'à la fin de l'année une partie de la somme n'a pas été payée, *le mode* de paiement stipulé s'applique aussi bien à la partie restante qu'à la partie remboursée, par la raison que le service n'est pas limité à l'année, mais doit durer jusqu'à ce que la dette soit acquittée d'après le mode spécifié. — La prolongation du service ne peut rester distincte de la prolongation du paiement; *l'une et l'autre forment l'essence du contrat!...*

En réalité, l'homme se vend légalement; il est considéré comme vendu, et le service de l'enfant s'achète fréquemment, en même temps que celui de ses père et mère...

Peut-être nous saurons-nous gré d'augmenter nos fort incomplètes notions sur le sort de ces malheureux, par un coup-d'œil précipitamment jeté sur l'ordinaire de leur régime. La viande d'animaux malsains ou morts de maladie, des veaux avortés, du poisson pourri; voilà les aliments odieux, les rebuts dont se repaît, lorsqu'elle peut manger, cette population à demi-barbare.

Ce que je viens de nommer, la viande, cette chair *qui se vend*, c'est une espèce de charogne entièrement impropre à l'usage de l'homme! Les experts devraient la saisir et la brûler. — Pourquoi s'abstiennent-ils de le faire? on l'ignore! Cette mauvaise viande se compose, principalement, de veaux nés avant terme, de vaches enlevées par des maladies, surtout la diarrhée, et de moutons morts aux champs, vendus à des bouchers qui ne tiennent d'autre viande que celle d'animaux morts de maladie....

La ville de Willenhall, si frappante par la nature révoltante de ses traits caractéristiques, est l'égoût du district. Elle semble imaginée dans le dessein formel de désabuser le visiteur de ces lugubres régions de l'erreur, bien naturelle, que rien ne saurait exister de pire au monde que Wolverhampton.

(1) Discite justitiam moniti, et non temnere... divites.

J'omets le hideux détail des difformités que les excès de travail et les positions forcées impriment à tous les idividus de cette race. Il me suffit de dire qu'il faut chercher ailleurs pour rencontrer les traits et l'expression de la nature humaine. Ces malheureux sont traités par leurs maîtres avec un peu moins de douceur encore qu'on a coutume de traiter les brutes. — Les uns sont stimulés à coups de martinet, formés de cordes noueuses ; les autres à coups de bâton vigoureusement appliqués ; ou bien à coups de poing dans le visage jusqu'à effusion du sang ; le plus souvent l'instrument qui les châtie est le fer même qu'ils travaillent, et dont les angles leur sillonnent la tête. Il y aurait pis que le cachot pour un colon qui traiterait avec cette barbarie un de ses nègres ! Les yeux d'Argus restent ouverts sur ses mouvements !... Ces dépositions horribles échappent à tout caractère d'exagération ; car « les enfants qui travaillent depuis six heures du matin jusqu'à dix ou onze heures du soir, endurcis par la brutalité, ne sont rien moins que portés à se plaindre. — En ce lieu qui paraît être hors la loi, il n'existe point de magistrat ; nul moyen de justice pour les enfants !

Et n'allez point supposer qu'on enseigne un métier à ces malheureux. La subdivision du travail y est poussée à ce point qu'ils n'apprennent qu'à limer, mais nullement à devenir serruriers. Les voilà *damnés* pour le reste de leurs jours, sans autre capacité que ce genre de travail. » Un reflet de la misère de l'Irlande semble se jouer dans l'affreuse et excessive misère de cette population ; c'est qu'ils n'ont d'autre sauve-garde contre le mal que l'endurcissement même qu'ils doivent au mal (*they are proteeted by their injury*). Si des soins du corps nous passons à ceux de l'esprit, c'est pour nous convaincre que ces êtres sont voués, sur toutes les branches quelconques des connaissances humaines, à l'ignorance la plus affreuse. Nos nègres se tiendraient pour grièvement insultés si on les comparait à de tels malheureux.

Nous allons juger, par quelques traits, de leur degré d'instruction religieuse, après avoir averti que, de temps en temps, ces enfants sont envoyés, ou plutôt parqués dans les écoles du dimanche (*occasional incarceration in a Sunday School*). De là cette prévention fatale que leur éducation y reçoit une sorte d'ébauche ! C'est un véritable monde païen auquel on n'a pas même essayé d'inculquer une idée de l'avenir.

Les examinateurs ont eu recours à toutes les précautions capables de dissiper le trouble ou la timidité des individus auxquels ils adressaient leurs questions, répétées, d'ailleurs sous plusieurs formes et à différents intervalles.

..... Celui-ci *croit* s'appeler Benton. Sa mère lui dit qu'il a dix-huit ans. Il va quelquefois à l'école du dimanche. Il est de la religion baptiste, *quelle qu'elle soit*. Il n'a jamais entendu parler ni de Moïse ni de saint Paul ; mais il connaît le Christ ; Jésus-Christ *c'est Adam*.

Cet autre fréquente l'école méthodiste depuis six ans. Il ne sait point écrire, n'a jamais entendu parler de Salomon, d'Hérode, de saint Jean-Baptiste, de Samson ou de Goliath, et ne peut dire à quelle religion il appartient !

Stephen Short, âgé de dix-sept ans, a l'avantage d'être élevé dans une école libre. Ses lectures ne se sont point étendues jusqu'à Salomon. Il croit pouvoir affirmer que Ponce-Pilate est un apôtre ; il l'a entendu lire, etc.

William Southern, âgé de dix-sept ans, a suivi *pendant cinq ans*, l'école du dimanche. Il sait que Jésus-Christ a versé son sang sur la croix pour sauver notre sauveur. Il n'a entendu parler ni de saint Pierre ni de saint Paul.

Un assez grand nombre de ces enfants me dirent que, chaque soir, ils répétaient leurs prières, et cette prière était notre père : *Our father !* Mais je m'aperçus bientôt que ces deux mots uniques étaient tout ce qu'ils savaient de cette prière, la seule prière qu'ils fissent !

L'un d'eux, âgé de dix-neuf ans, a suivi régulièrement l'école du dimanche pendant cinq ans. Il compte douze apôtres à savoir : Saint Pierre, Moïse, Jonas, Job, mais il ne se rappelle pas les autres. »

Et cependant, la Bible et les Écritures sont le livre fondamental de toutes les écoles anglaises ! Que l'on compare ces écoles des districts manufacturiers à celles de nos frères ! Les missionnaires Anglais envahissent l'Amérique, l'Asie, l'Océanie ; les cotisations particulières, la piété publique font pleuvoir l'or dans le sein des sociétés bibliques... L'or donne des ministres au protestantisme, mais des ministres plutôt que des disciples... L'honorable M. de Carné (1) nous a dit le mot de la situation... On se fait mission-

(1) Revue des Deux-Mondes, *vide suprà*

naire anglican comme on se fait consul... On spécule pour soi, pour ses enfants, et tandis que les missionnaires de la Grande-Bretagne servent leurs propres intérêts *en propageant le commerce, en étayant la puissance de l'Angleterre*, l'esclavage le plus épouvantable de l'intelligence et du corps pèse sur lespopulations qu'elle porte au cœur. *Charity begins at home* .La charité commence par soi, par ce qu'il y a de plus rapproché, de plus intime, nous dit le proverbe Anglais ; la philanthropie lui ressemble donc bien peu !

Sous terre, dans ses mines, au sein de ses villes populeuses, sur le sol de ses campagnes, au soleil radieux des Grandes-Indes, en Irlande, à la face du monde l'esclavage assujétit abrutit, assassine l'homme, insulte au ciel, et celle qui tient dans ses fers des millions d'esclaves et d'êtres vivant de supplices, trouve encore de la voix pour prêcher l'émancipation d'esclaves que l'on pourrait appeler les heureux de ce monde, si peu qu'on voulût les comparer à des centaines de milliers de ses sujets libres! — C'est trop compter, vraiment, sur l'excès de notre inaltérable bonhomie !

Mais vos hommes d'état nous ont livré le mot de l'énigme. Il s'agit, pour vous, du monopole des denrées coloniales et de la ruine de toutes les marines europénenes. Dussent les chaînes de l'esclave, si pesantes dans vos colonies, l'écraser de leur poids, vous ne les allégerez pas d'une once si, de leur poids, dépendent les succès de votre politique commerciale. Je laisse toute la phraséologie du sentiment à ceux qui n'ont point assez lu votre histoire pour vous juger, à ceux dont les erreurs sont votre fortune, ou dont les intérêts ont le malheur de s'identifier avec les vôtres. J'ai lu, j'ai vu.

Anglais, veuillez en convenir, quelles huées immenses, interminables, quel concert aigu de sifflets, qu'elle tempête de *grognements* (1) accueilleraient celui d'entre nous qui, s'étant avisé de fonder des sociétés d'abolitionnistes, d'émancipateurs, viendrait, bravement, organe de ces sociétés étrangères, requérir l'Angleterre, au nom de l'humanité souffrante, d'émanciper ses esclaves des Indes ; ou, seulement, d'adoucir les ineffables rigueurs de cette servitude qui, au cœur même de la Grande-Brteagne, empeste l'air de la liberté Britannique !

(1) Grungtings.

Quel ouragan d'invectives et de sarcasmes renverrait à ses affaires, aux affaires de sa nation, ce bienveillant étranger. C'est que, de toutes les habitudes, celle que l'Anglais trouve la plus antipathique à sa nature, et je l'en félicite, c'est de permettre à ses ennemis naturels, à l'étranger, de prendre part à la direction de ses affaires !... Et c'est dans le portefeuille des ministres de l'Angleterre, sur leurs pressantes et peut-être irrésistibles invitations, que des hommes d'état viennent se vanter d'avoir puisé les documents qui décident, dans le sens des volontés de l'Angleterre, des questions de vie et de mort relatives à nos colonies ; c'est-à-dire à notre commerce et notre marine ; à la puissance de la France !... Dans le sens de l'Angleterre, philanthrope partout ailleurs qu'à domicile. J'accuse donc, chez nos excellents voisins, une hypocrisie ou une ignorance bien profonde ? Que le lecteur décide !

Dans quel autre pays du monde un rapport officiel *pourrait-il* se terminer par cette phrase ridiculement terrible : « C'est là que vous rencontrerez de pauvres jeunes filles qui n'ont jamais chanté, jamais dansé, *jamais vu* une danse, jamais lu un livre qui les déride ; *jamais vu* une violette, une primevère, une fleur ; et dont toutes les idées de verdure se rattachent aux orties qui les ont piquées. »

Il est facile de reconnaître ces districts où la terre tout entière est la poussière du charbon, cette alluvion des usines ; où le ciel en est la fumée ; où mille fournaises ardentes dardent, du haut de leurs pyramides, des flammes qui sont l'éternel flambeau des nuits ; où la vue de chaque demeure, de chaque famille humaine, de chaque individu, rappelle les travaux et les mœurs, la patrie et la pitié des Cyclopes. —J'ai vu cela, j'ai vu ces officines du monde, j'ai vu ce monde à part que j'appellerais volontiers un souterrain en plein air, si l'air qu'on y respire ressemblait au nôtre ! Je comprends donc ces dernières lignes :

« Au sein de l'Angleterre s'élève et s'accroît quotidiennement une vaste communauté, écrasée par les travaux de la servitude, chez laquelle le vice de l'ivrognerie s'ajoute aux habitudes de la brute ; étrangère à presque toutes les distinctions que la civilisation a établies entre les sexes ou dans les relations sociales ; qui ne se nourrit presque que de charogne (*carrion*), où le poison est le régime systématique de l'enfance ; dont l'ignorance est l'ignorance personnifiée, et qui, vivant sans mœurs, meurt sans espérance. »

Ce lugubre et intéressant rapport embrasse presque toutes les manufactures du royaume ; et « tandis qu'il nous arrache à cette complaisance avec laquelle nous sommes enclins à nous considérer, dit une bouche Anglaise, il nous donne cette utile leçon : « Que nous ne pouvons laisser insoucieusement se rouler et s'agiter à nos pieds le sombre chaos de la famine et de l'ignorance, sans danger pour la vigueur morale ou la prospérité physique de cette nation. » Je traduis littéralement cette phrase malgré son étrange éloignement du génie de notre langue (1).

En présence de ces faits et de faits semblables, qui déborderaient des in-folio si l'on ne voulait se restreindre, supposons ce langage tenu par quelques industriels ou capitalistes à la population de la classe ouvrière.

Hommes de souffrance dont la société regorge et qu'elle abondonne aux infirmités et aux douleurs de l'isolement, « venez dans nos établissements (2). Là, vous travaillerez pour nous toute votre vie, pendant dix ou douze heures par jour, il est vrai ; mais aussi, vous ne serez plus exposés aux terribles angoisses de la misère et de la faim ; vous, vos femmes, vos enfants vous serez assurés de la subsistance, d'un abri et même d'un peu de bien-être, si vous travaillez avec activité tant que vous serez vigoureux. Quand vous deviendrez malades on aura soin de vous — vieux ou infirmes on vous nourrira. Certes, une situation qui ferait cesser vos souffrances présentes et vous délivrerait, pour toujours, des inquiétudes cruelles du lendemain est mille fois préférable à celle où vous vous trouvez *et dont vous ne pouvez sortir par aucun moyen.*

Toutefois il est entendu qu'en acceptant les avantages que nous vous offrons, vous vous engagez pour vous et vos descendants, à faire, en quelque sorte, partie intégrante de nos établissements. »

« Croyez-vous, disait un publiciste, qu'en France et ailleurs, dans l'état actuel des choses, il ne se trouverait pas des milliers de familles toutes prêtes à répondre à un

(1) The dark chaos of hunger and ignorance cannot be left, weltering, uncared for at our feet with security either to the moral vigour of the mind, or physical prosperity of the nation.

(2) Th. Morand. des sociétés humaines et de l'organisation du travail.

semblable appel ? *Si vous en doutez, c'est que vous ignorez la situation présente d'une grande partie des clases laborieuses !* .

Grand Dieu ! cet esclavage, en Europe, au milieu de nous, sous l'œil de notre charité, de notre philanthropie, serait accepté par des millions d'hommes comme un bienfait ! Et combien rigoureuses, en face du sort du nègre, dont nous nous étudions trop tard et trop précipitamment à redresser la condition irrégulière ; combien rigoureuses les conditions de cet esclavage considéré comme un bienfait !

Il peut donc nous être permis, lorsque nous travaillons à réaliser l'émancipation sans violer les principes de la justice et de l'ordre, de ne point nous jeter dans des mesures aventureuses avec une téméraire ardeur.

Autant que qui que ce soit et du plus profond de notre cœur, nous voudrions qu'une loi sage préparât la destruction des derniers vestiges de l'esclavage !

Mais, dans l'état provisoire des choses, et en face des traits atroces que nous venons de rapporter, nous ne nous sentons point le courage d'admettre, aussi complètement que M. de Rémusat, que « le bonheur même de l'esclavage n'absoudrait pas l'esclavage (1). » Nous ne saurions pousser l'exigence au point de vouloir que l'homme perfectionné cessât de *sentir* le bonheur pour le *raisonner* ; nous ne pouvons consentir à ce que les réalités du bonheur matériel disparaissent, s'il le faut, pour laisser l'intelligence s'épanouir dans toute la dignité du bonheur métaphysique.

En conséquence nous nous garderons bien d'adopter, sans de fortes réserves, ces paroles d'un homme dont nous serions les premiers à défendre la supériorité littéraire contre d'injustes attaques.

» On a dit que l'esclave était plus heureux dans la *tranquille paix* de la servitude qu'au milieu *des agitations* et des efforts que l'indépendance amène. La commission n'a pas, Dieu merci, à réfuter ces fausses et odieuses doctrines. L'Europe » *qui doit être si fière*, en jetant les yeux sur elle-même ! ou qui, se connaissant si peu, se figure si bien connaître l'Amérique ! » l'Europe les a, depuis longtemps flétries. Elles ne peuvent servir la cause des colonies et ne

(1) Rap. Rémusat. Moniteur, 19 juin 1838, p. 1746, col. 2.

sauraient que nuire à ceux des colons qui les professeraient encore. » (1)

Le motif de notre réserve éclate avec assez d'évidence : c'est que notre humanité nous paraît se fatiguer *ridiculement*, à des équippées si lointaines, entreprises dans le noble et chevaleresque dessein de courir sus, la lance au poing, à des maux *qui seraient un objet d'envie* pour nos plus proches prochains ; à des maux qu'une langue véridique pourrait décorer du titre de félicité par comparaison aux misères inexprimables, indescriptibles qui s'agitent et s'accumulent en Europe, de l'autre côté du détroit sous nos yeux, à nos pieds ! C'est que cette humanité se confond presque avec l'extravagance ou l'ignorance lorsqu'elle s'éloigne de la réalité d'abus monstrueux et de souffrances atroces pour se vouer, dans tout l'emportement d'une ardeur exclusive, à la réparation d'une irrégularité sociale que nous aiderons, de toutes nos forces, au temps, à détruire et à effacer ; mais en prenant conseil de l'expérience. C'est que, dans l'état actuel des choses, cette ardeur accuse les égarements de bienveillance de l'Europe et permet de lui dire au nom de nos colonies :

L'esclavage de mes prolétaires est de la félicité si je la compare à la liberté de vos prolétaires ; chez vous, la charité officielle n'a de chaleur que dans la voix ; puis, lorsqu'elle a parlé, ses lenteurs et ses glaces laissent périr le malheureux !

Les malheureux que je fais rient, dansent, chantent, se réjouissent et sont les satellites, les gardes-du-corps et les amis de leurs oppresseurs !

Vos prolétaires libres jeûnent, vendent leurs couches ou engorgent vos prisons, afin de manger ; ou bien ils meurent de fatigue, de veilles et de faim... ou bien ils s'organisent en sociétés illicites, et appelant à leur secours la *publicité* et le *mystère*, ils s'efforcent de vous tuer *par la presse* et *par le complot*...

Mais, je m'arrête à l'étrangeté d'un phénomène moral déjà signalé ; malgré moi j'y reviens : chez la plupart des abolitionnistes le bonheur du nègre ne produit d'autre effet que d'exciter l'irritation, comme s'il était l'écueil de leurs plus spécieux arguments, le reproche animé des imprudences de leur zèle. Comme s'ils ne pouvaient se dispenser

(1) Rap. de Tocq., p. 2.

d'y voir un défi, jeté à leur impuissance, de jamais remplacer ce bonheur par un équivalent, par un à-peu-près seulement, sans violer à l'égard du maître les principes rudimentaires de la justice et de la simple humanité.

Quoiqu'il en soit de ce bonheur, si vigoureusement accusé dans toutes ses formes par le contraste de la vie de torture de l'Hindou, de l'Irlandais, du prolétaire Anglais; bonheur qui n'exclut d'aucune façon celui que les préceptes de la morale préparent à l'homme pour un monde dont le temps ne marque pas les limites; on aurait peine encore à s'expliquer les colères et les mépris qu'il inspire. (1) Pourquoi donc cette colère et ce mépris? Est-ce par hasard dans la crainte que nous n'ayons pas suffisamment compris tout ce qu'il laisse à désirer?... Ecoutez encore c'est que vous aurez beau faire, vient de s'écrier du fond de son ame M. de Gasparin,(2) dans une haute inspiration d'éloquence, le nègre en portant la main sur son cœur ne pourra jamais se dire : cette chair est à moi.

La beauté de ce mouvement oratoire emporterait mon cœur au théâtre, et peut-être bien aussi à la chambre; car « toute assemblée est peuple » (3) du côté de l'entraînement; mais ici la vérité réclame tout le calme du jugement. Comparons, jugeons et joignons la patience à la justice.

Le prolétaire, l'homme des manufactures, des usines, l'homme que la misère et la faim condamnent aux travaux forcés dans la liberté, cet homme est-il *son maître* quoique travaillant à l'air libre, exempt de chaînes ou de verroux? Ces petites créatures de trois à quatre ans qui brûlent leur enfance sur vos dentelles; cette jeune fille, des côtés de laquelle la cupidité grommelante repousse le médecin et le lit, s'ingéniant jusqu'à couper ses bouchées pour économiser le temps qui la dévore au lieu de la former; dites-le-nous, en touchant sa chair, touche-t-elle une chair qui soit la sienne? Ces mères contraintes d'allaiter leurs enfants avec le poison de Godefroy touchent-elles une

(1) Lorsque j'emploie ce mot *bonheur*, il serait ridicule de l'entendre autrement que d'une manière relative et par comparaison.

(2) Chambre des députés, pétitions des *ouvriers* pour l'émancipation des noirs, mai 1844.

(3) Mémoires du cardinal de Retz.

chair qui leur appartienne en touchant la chair de leurs enfants? (1)

Voyez-les tous; il ne reste plus de sang coloré dans cette chair flétrie par les jeûnes, exténuée par les sueurs, les fatigues, les veilles les tortures du corps et de l'âme; dans cette chair empoisonnée par la pourriture de ses aliments. La cupidité en presse la subtance, en suce la sève, la leur arrache au jour le jour; et de cette chair elle fait son or!... j'allais parler de leur âme! j'oubliais les dernières horreurs du rapport! (2)

Eux, dans les régions qui les ont vu naître, s'ils veulent ravir leur chair au maître qui la consume dans les ardeurs du travail, il ne leur reste plus que deux autres maîtres à qui s'offrir: la prostitution et le crime. Sinon, le lendemain de la liberté que leur désespoir se donne, c'est cette faim dont on meurt. A qui leur chair?

Mais la terre est assez vaste, et vous leur proposez l'émigration. — Ravir un nègre à sa famille, ce qui ne se fait plus, cela est horrible! Et pour consoler votre compatriote, votre dernier mot le voici: Les circonstances sont dures, ami! Ayons du cœur, pars; les liens de la famille sont ceux de la misère et de la faim. Un homme doit savoir les briser lorsque l'heure est venue. Le pain abonde, loin de la terre paternelle! Il faut fuir. Cette terre, ami; nous nous y gênons! (3) Ah! si les colons faisaient au nègre le mal que vous forcez l'européen à se faire!... D'ailleurs l'émigration veut quelques ressources, quelqu'argent; elle veut donc précisément ce qui leur manque le plus au monde. Le dondez vous? Quel besoin apaisera-t-il avec vos paroles?

L'esclave qui porte la main sur son corps touche une chair que le travail peut lui donner s'il lui plaît de la posséder; et lui donner douée de la plénitude et de l'exubérance de la vie. Cependant, il arrive à son nonchalant égoïsme de la refuser, par amour pour elle, et de dire à son maître : gardez-la pour qu'elle prospère.... Et son cœur, que la loi ne lui a point ravi, qui le donne à son maître? car ce serait une tâche facile de compter les colons qui ont cessé de voir dans leurs nègres des serviteurs d'une fidélité

(1) Slavery in England, voir ci-dessus ces faits déjà énoncés.

(2) Slavery in England.

(3) Que de misérables ai-je vus, de mes yeux vus s'exiler de la sorte, nuds et hâves! Ici mes pensées se reportent surtout, vers l'Irlande! la patrie des suprêmes douleurs!

à toute épreuve ! Nombrez et nommez-nous ceux qui hésiteraient à se remettre, avec tout l'abandon de la confiance, au dévoûment de ces gardes du corps si parfaitement maîtres de jour et de nuit du corps et des biens de leurs maîtres !

Votre prolétaire famélique, qu'un travail, dont les excès outragent le ciel, ne peut rendre maître au jour le jour, de la nourriture indispensable au soutien de sa chair, de quel œil voit-il le philanthrope industriel dont ses bras libres créent l'opulence ? L'industriel dont la prudence se retranche si fréquemment dans ses rapports avec son homme lige derrière *la moralité des bayonnettes* (1) ?

Lorsque je vois, émus d'un langage dont ils ne discernent pas les motifs (2), de braves ouvriers se réunir pour animer de leurs signatures l'impatience des pétitions émancipatrices, cette démarche me touche et j'en suis fier ; j'y reconnais toute la bonté du sang français. Mais, si quelque lecture les avait initiés un tant soit peu aux complications de la question coloniale ; s'il leur était donné de voir le nègre nageant dans l'abondance et *libre* dans l'esclavage, lorsque, pendant cinq jours de la semaine, il a travaillé *d'un travail modéré* (3), neuf heures chaque journée ; s'ils voyaient ce nègre chantant et dansant, ou cultivant, pour

(1) Id. Lyon ! rive de Gier, etc., etc.

(2) NOTE IMPORTANTE. « Qui sait si pour hâter la ruine des maîtres, la désorganisation du travail dans les colonies françaises, les abolitionnistes Anglais n'encourageraient pas, ne généraliseraient pas le rachat. » Voici la note qui suit ces paroles : « Les comptes-rendus de la *Société abolitionniste Anglaise* constatent que des sommes considérables sont dépensées pour l'abolition de l'esclavage *dans les colonies étrangères, (non point dans les leurs aux Grandes-Indes)*, et j'ai lu, dans un des derniers n^os de l'Anti-Slavery-reporter, journal officiel de la Société : On commence à se préoccuper, en France, de l'émancipation des noirs. Une pétition a été adressée à cet effet à la Chambre des Députés par près de 7,000 ouvriers de Paris. *Poussé par les abolitionnistes*, le GOUVERNEMENT a promis de présenter un projet de loi dans la présente session. *Une visite récente du* TRESORIER *de notre Société* à la capitale de la France, *a produit ces heureux résultats.* Les membres de notre comité, présents à Paris : MM. William Forster, J. Gurney de Gorwich ; et Josiah Forster de Tottenham, *ont puissamment contribué à les obtenir.* Proh pudor !... ô tempora ! ô mores !

Id. observations à la Commission de la Chambre des Pairs, *ut suprà*, p. 71, juin 1844. Que l'on veuille rapporter cette note au chapitre second : Influences contraires aux Colonies !

(3) Rap. de Broglie, cité sur ce point.

son propre compte, et quelquefois à côté du *libre qu'il paie;* si de là leurs yeux se portaient sur le prolétaire européen esclave dans les misères et les tortures de sa liberté nominale, de quel côté, dites-le nous franchement, se porteraient leur indignation et leur pitié?

Vous venez nous parler du nègre! Otez donc vite cette poutre qui vous aveugle, et laissez-nous en paix, pressés que nous sommes de tirer de notre œil la paille gênante que nous n'y voulons point garder!

Si, comme on se plaît à le dire, la plupart de vos malheureux ne changeraient point leur sort contre celui de l'esclave, c'est que l'esclave, et je parle de l'esclave français dans nos Antilles, ne leur est connu que par des peintures d'imagination(1). Les rapports officiels le constatent; et pour se représenter le nègre, ils se représentent leurs souffrances auxquelles ils ajoutent le fouet et la chaîne.

Législateurs, pourquoi donc, lorsque toute la question se réduit à détruire, au sein du bonheur et de la *tranquille paix de l'esclavage*, les derniers vestiges de cet esclavage, qui, chaque jour, tend à s'effacer; pourquoi donc, au lieu des moyens héroïques et toujours périlleux des expérimentations de la politique, ne point s'attacher d'une préférence presque exclusive à ceux dont l'expérience des siècles a constaté la valeur.

Le mot de l'histoire c'est que la religion civilise le sauvage plus difficile à civiliser que le nègre. C'est qu'elle civilise le nègre; c'est qu'elle lui fait une douce habitude du travail spontané, une nécessité du mariage. Que demander de plus, lorsque, votre puissance aidant, il suffit du cours de quelques brèves années pour réaliser cette merveille?

Lorsque vos yeux verront le nègre marié travailler au milieu de sa famille et pour sa famille, nous nous écrierons d'une voix commune: Le nègre est libre. La liberté du corps, ajoutée à celle de son âme, deviendra, pour nous, le plus incontestable des bénéfices, à l'aide de sacrifices infiniment minimes de la part de l'État, comparativement à ceux *que nécessitent les systèmes* (1).

En effet, le travail succédera au travail, l'ordre à l'ordre,

Droit de visite!

(1) Rap. Rémusat, cité sur ce point.

(2) Voyez le chap.: Moyens Religieux.

(3) Voir le chap.: Indemnité, faisant partie de cet écrit.

la paix à la paix, il n'y aura de changé que la forme et le nom ; et au lieu de donner le spectacle de hordes confuses, hurlant la liberté et ne pratiquant qu'une sauvage indépendance, les Antilles se rangeront avec orgueil au nombre des sociétés les plus civilisées.

L'affranchi riche, exempt de la loi du travail, possédera; mais, un petit nombre d'enfants ceignent la table du riche.

Ce sera donc le lot du prolétaire civilisé, et enveloppé de l'atmosphère de la civilisation, de donner, dans ses enfants, des travailleurs à ses compagnons enrichis, à son ancien maître, devenu le patron de ses anciens esclaves et de leur postérité.

Et la prospérité des colonies, réformées grâce aux enseignements de la loi universelle, ou catholique, et non point révolutionnées par des systèmes, ce sera la nôtre, la prospérité de la France !

Un mot encore et c'est par où je termine. Que trouveriez-vous à dire si les colons dépossédés, livrés par *votre justice* à de cruels loisirs et convertis enfin au mérite de vos idées philanthropes allaient, pour expier leurs erreurs, passées, s'en emparer sérieusement et tourner contre votre société d'Europe, les préceptes de votre justice ! Si, comme Dieu tira du limon le premier homme, ils se plaisaient à prononcer les paroles qui rendraient l'âme à cette lie, à cette fange de l'humanité, odieuse création de la cupidité européenne, où s'engraissent ses racines et d'où elle pousse ces merveilleux rejetons sous lesquels s'ombragent et se reposent les fils du pouvoir ! Si montrant du doigt les capitalistes à ces hommes nouveaux ils leur disaient : La vie, la liberté sont vos droits imprescriptibles. Ces maîtres vous ont ravi l'une et l'autre en vous ravissant, par les calculs de leur avarice, jusqu'aux plus faibles moyens d'en jouir ! (1) Leur fortune insolente est sous le coup de vos bras. Voici des chefs ; vous vous devez justice. Mais au lieu de les dépouiller, de les assujétir au talion soyez miséricordieux et magnanimes faites-leur une part !»..

Ce langage commence à vous étonner ; il s'agit en effet de l'Europe ! Différerait-il beaucoup du langage des impatients abolilionnistes ? Fort peu je pense, à ne considérer que les effets ! Eh bien ! alors des raisonnements très-po-

(1) *Slavery in England, vide suprà.*

pulaires par leur clarté, leur simplicité, leurs résultats *humanitaires* vous prouveraient, dans un pays de logique comme le nôtre, que la philanthropie ne doit pas changer de mœurs en s'appliquant à des hommes chez lesquels il n'y a de changé que la couleur. Dites-le moi, si le plus obscur des hommes, empruntant quelques accents à la voix d'O'Connel, élevant d'une main le flambeau de la justice et de l'autre, *contrairement aux allures du libérateur*, secouant les torches de la vengeance, demandait raison à la société européenne des crimes commis à l'égard de ses prolétaires, quel bras assez puissant pour empêcher cette société tout entière de trembler sur sa base ? Et c'est vers ce danger que votre logique nous précipite ! Le lendemain reste en dehors de vos calculs. La loi que vous aurez faite, il vous faudra la subir. La subtilité des distinctions et des sophismes ne vous sauvera pas plus que des décrets ! Les noms changés ne changeront rien aux choses.

Quant à moi, je vous le crie pendant qu'il en est temps encore ; notre mission de chrétiens ce n'est point d'attiser les passions qui sommeillent, d'exciter les unes contre les autres les races ou les castes au nom d'une *justice violente*; c'est de préparer les voies de la justice par les lois de l'amour mutuel, par l'intelligence du devoir, par la religion. Voilà le plus énergique et le plus doux de tous les moyens. Que votre volonté s'en empare. Sauver *vos* colonies c'est rendre *notre* France riche, forte et glorieuse !

Ce n'est point là le compte de l'Angleterre, et je m'aperçois, ce que le cœur m'a toujours dit : Que j'ai l'honneur de ne point être son serviteur !

FIN.

CONCLUSIONS.

Deux mots résument les différents chapitres de cet écrit ; nous les traçons :

La première vérité qui s'y présente, c'estl'incontestable UTILITÉ DES COLONIES. Et tandis que quelques raisonneurs aiguisent et dirigent leurs paradoxes contre cette évidence, tous les peuples se disputent ces possessions lointaines, réserve du commerce et pépinière de la marine.

Nous tenons encore d'une main ferme quelques débris de notre ancienne puissance ; eh bien ! il s'agit de nous faire brûler ces débris et de nous en faire accepter les cendres !

Les traces d'INFLUENCES CONTRAIRES aux prospérités et à l'existence de nos colonies, ou à la fondation de colonies nouvelles, se gravent sur chaque feuillet de l'histoire moderne et quotidienne. Remercions *l'étranger* de sa persévérance. Charmé de nous voir façonner nos oreilles et nos langues aux pompeux artifices de la parole publique, il nous abandonne *les mots* et court *aux choses*. Il en fait *son affaire*, et sait trouver assistance ! Mais puissent nos bras se dessécher plutôt que de se prêter follement *au nom de l'humanité*, à ces conspirations contre la France.

LES SYSTÈMES d'émancipation proposés aux corps législatifs pèchent d'une manière fondamentale. Les sentences y remplacent les principes, et les préventions l'expérience. Les politiques de cabinet qui les élaborent redoutent au suprême degré deux sortes d'hommes : les hauts fonctionnaires du gouvernement, dont le jugement s'est formé ou rectifié sur place, aux colonies ; puis, les colons, cerveaux étranges, et qui *sont trop de leur pays*, pour que, vraiment, il convienne de leur prêter une oreille attentive.

Funestes à l'existence et contraires au droit de vivre des planteurs, les systèmes le seraient, par une conséquence facile à déduire, aux intérêts des noirs ; et, partant, aux intérêts de tous, qui sont, en d'autres termes, ceux de la France.

Dans ces systèmes, l'INDEMNITÉ n'a pour issue qu'une brèche aux lois : l'injustice ; soit une spoliation, ou confiscation plus ou moins complète. Consultez, s'il vous plaît, la charte à l'article confiscation !

Il s'est dit, en 1830 : la Charte *sera désormais* une vérité. En 1844, elle doit donc être une réalité !

LES MOYENS d'une émancipation sérieuse, et durable parce qu'elle fonderait la liberté par le travail ; ces moyens sont, en premier lieu, ceux que nous enseigne l'histoire, et que, *non pas l'Angleterre*, mais la religion nous met sous la main : c'est-à-dire, tout prosaïquement, *la science des devoirs*.

Grâce à cette courte science, chacun se tenant à sa place fait ce qu'il doit ; tout va bien. Et, lorsque tout va bien, on ne tarde guère à dire :

Tout est bien.

Enfin, un enchaînement de faits monstrueusement hideux nous démontre que les esclaves réellement misérables, ceux dont l'émancipation réclame de la pudeur européenne les plus urgentes mesures, ne se trouvent point du côté où l'illusion des préjugés nous les fait voir; mais au sein, au cœur même de la puissance émancipatrice par excellence.

Renvoyons donc *à la véritable adresse de l'esclavage* MM. Gurney, Forster et compagnie, dont le zèle abolitionniste s'est égaré. Nous nous sentons trop vieux gaulois pour ne pas les comprendre; et trop français pour omettre de les remercier avec toute la grâce de la politesse. Comme preuve, enfin, du sérieux de leur rôle et de leur caractère, *à nos yeux*, nous précipitons leur course du côté où la besogne presse, et nous les commissionnons, au nom de la France, curieuse de voir, une fois seulement, l'Angleterre philanthrope *à domicile*.

COULOMMIERS. — IMPRIMERIE DE A. MOUSSIN.

www.ingramcontent.com/pod-product-compliance
Ingram Content Group UK Ltd.
Pitfield, Milton Keynes, MK11 3LW, UK
UKHW012216240726
13966UKWH00003B/795